DIE PROLETENPASSION

Heinz R. Unger

Die Proletenpassion

Dokumentation einer Legende

Europaverlag
Wien · Zürich

CIP-Titelaufnahme der Deutschen Bibliothek

Unger, Heinz R.:
Die Proletenpassion : Dokumentation einer Legende / Heinz R.
Unger. — Wien ; Zürich : Europaverl., 1989
ISBN 3-203-51059-6

Umschlag von Ute Strohmeier
Lektorat: Karin Jahn

Medieninhaber Europa Verlag GesmbH Wien
© 1989 by Europa Verlag GesmbH Wien
Hersteller Elbemühl Graphische Industrie GesmbH Wien
Verlags- und Herstellungsort Wien
Printed in Austria

ISBN 3-203-51059-6

INHALT

I
PROLOG
7

II
DIE BAUERNKRIEGE
51

III
DIE REVOLUTION DER BÜRGER
85

IV
DIE PARISER KOMMUNE
115

V
DIE LEHREN DER KOMMUNE,
GEZOGEN IN RUSSLAND IM OKTOBER 1917
147

VI
DER FASCHISMUS
173

VII
EPILOG
205

ANHANG
233

I
PROLOG

Die Leiter des Erfolges tragen Heinz Unger und Willi Resetarits einige Jahre vor der »Proletenpassion« hellsichtig über das spätere Arena-Gelände – Georg Herrnstadt gibt gute Ratschläge dazu . . . (Foto: Peter Cermak.)

AM ANFANG WAR DER HALL
11

DIE WURZELN DES PROJEKTS
13

ALLE MACHT DER FANTASIE!
16

WEISS VIELLEICHT JEMAND, WAS DAS EIGENTLICH SEIN SOLL?
18

WIE HABT IHR DAS NUR GEMACHT?
20

MEILENSTEINE UND SCHMETTERLINGE
23

DIE ERSTEN LIEDER
25

IN DER ARENA: BROT UND SPIELE
29

DOPPELCONFÉRENCEN UND KRITIKERKRIEGE
35

ZWEI FASSUNGEN DER OUVERTÜRE
42

AM ANFANG WAR DER HALL

Es war einmal eine Gruppe junger Musiker, die sehr fleißig und ehrgeizig auf dem steinigen »Weg nach oben« unterwegs waren. Und während sie so dahinwanderten, sangen sie fröhlich und heimsten damit auch schon die ersten tonkünstlerischen Lorbeeren ein.

Selbstverständlich sangen sie ihre Lieder aber in englischer Sprache, als wären sie am Mississippi zur Welt gekommen und nicht in Donaunähe. Aber das fiel zunächst noch keinem auf, das taten damals ja alle, oder fast alle, oder jedenfalls die Erfolgreichsten von allen. Denn erstens sangen sämtliche Vorbilder englisch, und zweitens war es keinem wichtig, ob der Text verstanden wurde oder nicht.

Die ehrgeizigen jungen Musiker mußten – das gehört nun einmal zum »Weg nach oben« – kreuz und quer durch das Land reisen und überall, wo es möglich war, Konzerte geben. Nicht gerade große Konzerte, auch solche in bescheidenen Sälen von Wirtshäusern oder Pfarreien. Lehrjahre sind eben keine Herrenjahre.

Einer der Veranstalter – ich glaube, ein Apotheker in Völkermarkt, Kärnten – war mit einem Pfarrer bekannt, zu dessen idyllischer Schäfchenweide mehrere Dörfer und auch eine romantische Klosterkapelle gehörten.

Dort ergingen sich die jungen Talente, und nach den Strapazen einer entbehrungsreichen Tournee beeindruckten sie besonders die klösterliche Stille und die akustischen Möglichkeiten des Gewölbes.

»Hier müßte man arbeiten können«, seufzte einer von ihnen. Aber das wäre ja durchaus möglich, hieß es. Das Gemäuer bröckele ohnehin unbewohnt vor sich hin, es habe schon die Türkennot überstanden und würde wohl auch das neumodische Getöne von Pop- und Rock-Rhythmen ertragen. Natürlich hatte der freundliche, geistliche Herr nichts Weltliches und schon gar nichts Linkes im Sinn, als er den jungen Leuten diesen Floh ins Ohr setzte, sondern dachte wohl eher an dem Himmel wohlgefällige Rockmusik-Messen, mit denen sich in jenen Tagen, als sich die katholische Kirche noch weltoffen und liberal gab, manche Jungpfarrer in das Vertrauen der Jugendlichen musizierten.

Von da an war das Bild der sakralen Gewölbe in die Gedanken der jungen Musiker fest eingemauert, und obwohl sie keineswegs Marienkinder werden wollten, übten sie sich doch in der Folge in der Kunst des mehrstimmigen Chorals. Und wenn es um die Planung der unmittelbaren musikalischen Zukunft ging, dachten die Ehrgeizlinge in größeren, geradezu domartigen Dimensionen und konnten stundenlang die »Matthäus-Passion« und anderes von Johann Sebastian Bach hören (wozu sie später auch ihren Texter zwangen).

Auf solche Art kam dann der Gattungsbegriff »Passion« in den Titel ihrer größten Arbeit, nur daß es dabei – durchaus in Nähe zur Bergpredigt – eben um die Passion der Unterdrückten ging...

DIE WURZELN DES PROJEKTS

In den meisten hochindustrialisierten Ländern spielt sich der wirtschaftliche Aufstieg der Arbeiterklasse so ab, daß diese – verraten, verkauft und hypnotisiert – sich zunächst für Kleinbürger oder gar schon für eine »Mittelschicht« hält und deshalb ihr gesellschaftliches Bewußtsein (scharflinks formuliert: ihr Klassenbewußtsein) an der Kasse der Konsumgesellschaft abgibt.

In der Folge büßt sie nicht nur die eigene Identität und Kampfkraft ein und wird »gängelbar«, sondern – noch viel schlimmer und folgenreicher – sie verliert den internationalen Zusammenhang und sieht nicht mehr die Notwendigkeit der Solidarität mit den »unterentwickelten« Gebieten der Erde, also mit rund 85 Prozent der Menschheit ...

Ich bin in einem Wiener Arbeiterbezirk aufgewachsen und konnte mir die entsprechende Perspektive auch dann nicht abgewöhnen, als ich bei ganz anderen Klassen und Kasten zu Gast war. Schuld daran trägt nicht etwa angeborene Trotzhaftigkeit, sondern vielmehr der prägende Vorbildcharakter mancher Menschen aus meiner als Kind erlebten Umwelt.

Ich erinnere mich der »Vertrauensleute« genannten Subkassiere der Erdberger SPÖ-Sektion 9, die unermüdlich – und in meinem Kopf für ewige Zeiten – treppauf, treppab in den Zinskasernen und Gemeindebauten unterwegs waren, in den Taschen die Monatsmarken für die Mitgliedsbücher und Berge von Propagandamaterial, auf der ungeübten Zunge die realistischen Argumente und im Herzen den Stolz auf das Erreichte und die Gewißheit, für gerechtere Verhältnisse in der Zukunft zu kämpfen. Sie erfüllten diese ehrenamtlichen Tätigkeiten nach der Arbeit in ihrer Freizeit, und sie waren weit überzeugender, als es die damaligen und heutigen Berufspolitiker der Sozialdemokraten je sein konnten.

In der Sektion 9 war man allgemein stolz darauf, nicht nur profilierte Frauenrechtlerinnen, Freiheitskämpfer, führende Gewerkschaftsfunktionäre und Februarkämpfer hervorgebracht zu haben, sondern auch die »Heimat« von Bezirksvorstehern, Bezirksräten, Landtagsabgeordneten, ja sogar des beliebten Sozialministers Maisel zu sein.

Meine beiden Großväter waren Gründungsmitglieder der Simmeringer SP-Organisation gewesen, mein Vater war als Funktionär der »Kinderfreunde« tätig, und die Tante, bei der ich später aufwuchs, war die erste Betriebsrätin in einer feudalen k. u. k. Großschneiderei in Wien und Karlsbad gewesen. Ich selbst war ein typisches »Kinderfreunde«-Hortkind und bald darauf ein kleiner »Roter Falke« in einer Gruppe, die nach Roman Felleis benannt war, einem jungen Februarkämpfer, den die Austrofaschisten als Verletzten hingerichtet hatten.

Jedenfalls wuchs ich in einer Umgebung auf, in der eindeutige politische Übersicht herrschte und in der die wolkigen Verhältnisse der bald darauf wirksamen »Sozialpartnerschaft« noch undenkbar waren. Und ich war rot genug, um auch die sogenannten »Kummerln«, die Kommunisten in unserer unmittelbaren Nachbarschaft mitzukriegen, gegen die eine rigorose Abgrenzungspolitik im Gange war, deren Hintergründe ich nicht durchschauen konnte und die ich auf die Nachkriegserfahrungen mit der sowjetischen Besatzungsmacht schob.

Dennoch konnte mir aber nicht entgehen, daß es sich bei diesen Menschen um sehr gradlinige, kompromißlose Kämpfer gegen den gerade überwundenen Faschismus handelte, deren jeweilige Lebensläufe sich wie Adelsbriefe der Freiheit lasen.

In Gegensatz zu den später aufwachsenden Generationen assoziierte ich also zu Begriffen wie Politik oder Politiker nicht »Beziehungsfilz«, »Karriere« oder »Freunderlwirtschaft«, sondern eher »Charakter« und »Verantwortung«, wobei der Einsatz persönlichen Risikos selbstverständlich war und gar keiner besonderen Erwähnung bedurfte. Politische Tätigkeiten setzten damals noch voraus, daß man ein »Ideal« hatte, und noch nicht, daß man zu einer Gemeindewohnung kommen wollte ...

Die Bereitschaft, ein Thema wie die »Proletenpassion« mit allen Konsequenzen anzugehen, ist also sicherlich in jenen frühen Jahren verwurzelt, die für ein solches Vorhaben als Triebkraft nötige Wut entstand aber wohl aus Enttäuschung über die Preisgabe vieler hart erkämpfter Qualitäten, nicht nur im politischen, sondern auch im kulturellen Bereich.

Ein Vergleich zwischen den architektonischen und soziologischen Aspekten und Qualitäten von Wiener Gemeindebauten aus der Zeit der Ersten Republik und den Wohnsiedlungen der Wiederaufbaujahre zeigt ja zum Beispiel anschaulich auch den Verlust der gesellschaftsbewußten prägenden Baugesinnung, die hinter der äußeren Gestaltung wirksam wird. (Dies nur als Beispiel aus einem einzigen speziellen Bereich.)

Wenn die »Proletenpassion« später auch die unterschiedlichsten Auswirkungen hatte, im Ansatz sollte sie wohl vor allem innerhalb der verkümmerten linken Positionen wirken.

Im Erscheinungsjahr dieses Buches feierte Österreichs größte Arbeiterpartei den hundertsten Jahrestag ihres Bestehens. Aber die meisten ihrer Mitglieder wüßten vermutlich die Frage nach dem konkreten Namen dieser Organisation nicht zu beantworten: Sind sie nun Mitglieder in einer »sozialistischen« oder vielleicht in einer »sozialdemokratischen« Partei? Den Unterschied müßte man klavierspielen können. Der erste Begriff impliziert das Streben nach einer Veränderung der gesellschaftlichen Struktur, der zweite Begriff bezeichnet die praktizierte Politik dieser ersten hundert Jahre ...

ALLE MACHT DER FANTASIE!

So lautete jene Parole der achtundsechziger Jahre, die sich auf das Werden der »Proletenpassion« nachhaltig auswirkte. Am Anfang dieser Arbeit stand und steht die ebenso simple wie komplizierte Wahrheit, daß ich immer noch genug Fantasie habe, mir einen Sozialismus vorstellen zu können, in den die Leute hinein wollen, statt hinaus ...

Die Klärung einiger politischer Begriffe und Positionen scheint mir für den Einstieg in das Thema aber unerläßlich, denn Irrtümer sind schnell geschehen und Vorurteile schnell auf die Stirn gestempelt. Mit keiner anderen Arbeit – und meine Werkliste ist da nicht zimperlich – erlebte ich eine solche bunte Palette an politischer Fehleinschätzung, versuchter Zensur, an Kritik und Applaus, Zustimmung und Verdammung.

Ich glaube nicht daran, daß sich auf Parteilinien dichten läßt.

Das Dogma, so meine ich, ist der Gegenpol der Freiheit und damit der Kunst.

Fantasie ist in meiner Vorstellung der natürliche Feind der Nivellierung.

Nivellierung bedingt »die Mitte«, das Mittelmaß, das Mittelmäßige.

Das Mittelmaß stellt keine Fragen.

Nivellierung ist die Grundtendenz der Hochindustrialisierung, die Grundlage der industriellen Massenproduktion.

Die hochindustrialisierte Gesellschaft benötigt als Basis ihrer Produktion die sogenannte entfremdete Arbeit.

Entfremdete Arbeit steht nicht mit der Persönlichkeit eines Menschen, nicht mit seinem unverwechselbaren Selbst und schon gar nicht mit seiner natürlichen Kreativität in Zusammenhang.

Nicht entfremdete Arbeit dagegen (zum Beispiel die des Kunstschaffenden) stellt den ausgegrenzten Ausnahmefall von der tristen gesellschaftlichen Regel der Industriegesellschaft dar.

Daraus erwächst dem Künstler – meine persönliche Interpretation – die Verpflichtung, in seiner Kunst die oben angeführten Widersprüche zu thematisieren, da ja sonst die Gefahr bestünde, daß ein wesentlicher (und gesellschaftlich erstrebenswerter) Qualitätsfaktor menschlicher Lebensgestaltung verlorengeht.

Deshalb also: Alle Macht der Fantasie! Und: Schickt die Dogmatiker in die Wüste!

Das geht nur mit: Mehr Demokratie! (Und die kriegt man nicht geschenkt ...)

Dogmatiker sehen die Welt in einem Schwarz-Weiß-Raster, der selbst zum Schachspielen nicht taugen würde. Ein Ost-West-Weltbild wird ja schon durch einen Nord-Süd-Dialog durchgestrichen und keinkariert.

Wenn sich diese Faustkeil-Ebene in Politik und Medien ungebrochen hält und unwidersprochen akzeptiert wird, hat das mit der Akkumulation gesellschaftlicher Macht zu tun, die sich im Dogma zu verbunkern sucht und sich von jedem differenzierteren Gedanken naturgemäß belagert und angegriffen fühlt.

So wurde auch die »Proletenpassion« als Angriff verstanden, von den angegriffenen Mächtigen wie von den solidarischen Machtlosen. Und entsprechend waren dann auch die Reaktionen ...

WEISS VIELLEICHT JEMAND, WAS DAS EIGENTLICH SEIN SOLL?

Am Entstehen der »Proletenpassion« waren nicht etwa nur ein einsam schwelgender Dichter und ein paar harmonische Musikanten beteiligt gewesen, sondern viel mehr Menschen, sicher mehr als zwei Dutzend, denn der Produktionsprozeß wirkte nach dem Schneeballsystem – einmal im Rollen, wandelte sich unsere so einfache Grundidee schnell zum gigantomanischen Arbeitsprojekt.

Freunde, Kritiker, Referenten, Spezialisten aller Fachrichtungen, Künstler anderer Sparten, Abgesandte der verschiedensten linken Gruppierungen, sie alle brachten sich mehr oder weniger intensiv in den Entstehungsprozeß ein. Dennoch gab es eine Schwelle der Ratlosigkeit ...

Als wir nämlich kurz vor der Premiere standen und alle Einzelteile erstmals einigermaßen überblicken konnten, fragten wir uns überrascht nach der Gattungsbezeichnung unseres Produkts.

Für Leute, die in den Urwäldern des »freien Marktes« überleben wollen, waren wir in einer höchst sonderbaren Situation: Wir hatten da eine ganz passable Ware produziert, die war sogar nach allen Regeln der Kunst der Käuflichkeit ganz hübsch verpackt, nur – wir wußten beim besten Willen nicht, was wir auf die Etiketten schreiben sollten ...

Ich formulierte damals etwas ratlos im Programmheft der Uraufführung:

Normalerweise weiß man, was man herstellt: einen Tisch, einen Strudel, ein Gedicht. Mit der »Proletenpassion« ist es uns gelungen, etwas herzustellen, von dem schließlich niemand mit Sicherheit sagen konnte, was es nun eigentlich sei.

Was hier mit dem Untertitel »szenisches Oratorium« eher ungefähr und sehr notdürftig umrissen wird, ist eine neue Mutation des Musikgeschehens, eine neue Spezies ...

Die »Proletenpassion« ist bestimmt nicht einfach ein Popmusikkonzert. Dazu ist die musikalische Bandbreite zu umfassend, dazu sind auch die szenischen Umsetzungen zu bestimmend. Auch der bequeme Ausweg, das Ganze einfach als Show zu bezeichnen, ist verstellt durch konsequente Inhaltlichkeit – also das genaue Gegenteil jeder aus formalen Elementen aufgebauten Gattung des »Showgeschäfts« ...

Ähnlich überfordert mit den Problemen der Einordnung waren anläßlich der Premiere die Kritik, das Feuilleton und die Kommentare der »Leute vom Bau«: *Agitprop – ein Wort, das man für diese Darbietung erfinden möchte*[1]. Oder: *Konturen einer neuen Musikkultur*[2]. *Geschichtsunterricht in Songs*[3]. Oder: *Lehrstück in Liedern*[4]. Oder gar: *Linksklischee mit Musik*[5].

Die »Proletenpassion« bewies in der Folge die Möglichkeit der unmittelbaren, politischen Wirksamkeit von Kunst, spaltete etliche Linksfraktionen in noch kleinere (und noch dogmatischere) Einheiten, vereinigte organisierte und »heimatlose« Linke in ihrem Publikum mit jungen Menschen, die zum erstenmal auf lustvolle Art politische Auseinandersetzungen erlebten, erlaubte fortschrittlichen Lehrern den Einstieg in historische Themenkreise, die die Lehrbücher tunlichst vermeiden, erschreckte die Bourgeoisie (wie weiland Nestroys »Ultra«) durch ihre Vitalität, verführte etliche Holländer und Italiener (die Piratenpressungen davon herstellten) zur Kriminalität, wurde Gegenstand von Dissertationen und statistischen Untersuchungen, und – das schönste daran – es wächst immer wieder eine Generation nach, die sie gut gebrauchen kann ...

WIE HABT IHR DAS NUR GEMACHT?

Oft wurde später die Art der Herstellung des doch recht umfangreichen Werkes hinterfragt, weil einiges daran (und nicht nur der Umfang) bemerkenswert war und weil die Methode der Herstellung bereits zugleich das Programm war, adäquat zu den vermittelten Inhalten.

Fairerweise sei festgestellt, daß kollektive Erarbeitungsmethoden damals gar nichts so Besonderes waren und häufig angewendet wurden. Mit wechselndem Erfolg allerdings. Da gab es zum Beispiel Theatergruppen, die die »Autorität« eines Regisseurs ablehnten, um dann mit den flatternden Wimpeln ihres Bühnenanarchismus im Chaos, das die Welt bedeutet, zu versinken ...

Eine Musiker-Partie aber, die sich vom Pop-Glamour und Folksong-Flitter bis zum anspruchsvollen politischen Lied durchgerobbt hatte und die sich nun anschickte, etwa das Phänomen der Pariser Kommune besingen zu wollen, mußte auch im Lebens- und Arbeitsstil unbedingt glaubwürdig sein ...

Der glaubwürdige Lebensstil mußte bei uns nicht erst künstlich hergestellt werden, er bestand aus unserer totalen Negation wirtschaftlicher und finanzieller Vernunft (später hätten wir so etwas wohl »Selbstausbeutung« genannt). Diese beiden Arbeitsjahre hindurch wurde in Österreich kaum eine Platte produziert, bei der die »Schmetterlinge« nicht den begabten Background-Chor machten.

Ich hatte es da schon schwerer, doch die Tantiemen eines international erfolgreichen Liedes, das ich für die »Milestones« geschrieben hatte, sowie auch ein Förderstipendium des Dramatischen Zentrums (für das ich allerdings parallel zur »Proletenpassion« ein Theaterstück erarbeiten mußte) waren hilfreich.

Über die kollektive Arbeitsweise erzählt das der Plattenpackung beigelegte Textbuch:

... Die »Proletenpassion« ist das Produkt einer kollektiven Arbeit, an der einige Dutzend Menschen beteiligt waren. Außer den unmittelbar Beteiligten arbeitete eine Reihe von Freunden und Bekannten mit (Lehrer, Studenten, Historiker und Kunsthistoriker etc.). Referate über einzelne Themen wurden aufgeteilt, Quellenforschung betrieben, Arbeitskreise und Sachdiskussionen abgehalten.

*»Das Produkt einer kollektiven Arbeitsweise...«
Schmetterlinge und ihre Gäste in den verschiedenen
Kostümen aus dem Fundus der »Proletenpassion«.
(Foto: Franz Hausner.)*

Gemeinsam wurden die Inhalte bestimmt, gemeinsam wurde auch die Form besprochen. Heinz R. Unger schrieb dann die Texte, die wiederum im Kollektiv diskutiert und verbessert wurden ...

Aus solchen Gründen fühlten sich manche Schmetterlinge von der Kritik und auch überhaupt ungerecht behandelt, denn sie fanden zu Recht, sie wären bei der Herstellung des Monumentalwerks mehr als nur die musikalische Exekutive gewesen.

Anläßlich der Zusammenstellung dieses Buches wühlte ich mich wieder durch das einen Waschkorb füllende Material, das wir alle[6] gemeinsam damals erarbeitet und zusammengetragen haben ...

MEILENSTEINE UND SCHMETTERLINGE

Wenn ich die ideologischen Wurzeln der »Proletenpassion« streife, will ich aber nicht vergessen, daß es nie nur einen, sondern immer viele Gründe für etwas gibt.

Die ersten Anfänge der »Proletenpassion« liegen eigentlich in der Arbeit mit einer ganz anderen Musikgruppe begründet. Die »Milestones« waren bis in die frühen siebziger Jahre Österreichs wohl bekannteste und erfolgreichste Pop- und Folk-Gruppe. Ihr besonderes Verdienst – jedenfalls aus meiner Sicht – war ihr Ehrgeiz, anspruchsvolle deutschsprachige Texte in diesen Musikbereich einzubringen. Und dies wohlgemerkt zu einer Zeit, als jeder, der in unserem Land eine Gitarre zur Hand nahm, so sang, als ob er in Tennessee oder Oklahoma zu Hause wäre. Eine Entwicklung, die sich aus dem immensen Nachholbedürfnis der unmittelbaren Nachkriegszeit, aber auch mit der umfassenden wirtschaftlichen Okkupation durch die Amerikaner erklären läßt, Faktoren, die eine kulturelle »Überschwemmung« zur Folge hatten.

Jedenfalls waren damals die »Milestones« so ziemlich die letzte österreichische Abordnung zum Internationalen Chanson-Festival der Eurovision, die dort einigermaßen ehrenvoll reüssieren konnte.

Ihr damals sehr populäres Lied hieß »Falter im Wind«, und es trat tapfer den Beweis an, daß sich – gute Dichtung vorausgesetzt – die deutsche Sprache durchaus für die Stakkato-Rhythmen der Rock-Musik eignen kann.

Auf der B-Seite der »Milestones«-Single, also sozusagen geschmuggelt, fand sich ein Lied mit einem Text aus einem »dramatischen Gedicht« von mir[7], das in zwei verschiedenen Fassungen aufgeführt worden war:

LIED VOM VERKAUFTEN TAG

Du schöner Tag, ich habe dich verkauft.
Die Tauben siechen hin in alten Türmen,
die Wappentiere meines Ungestirns,
doch in den Wolken krähen Wetterhähne
und Gräser wehen vor der greisen Stadt.

Ich habe dich, du schöner Tag, verkauft,
du bist nicht mein, du bist nicht mein,
du bist nicht mein...

Mein Spiegelbild, ich habe es verkauft.
Ich bin nicht mein (das ist so Sitte heute,
denn das Prinzip der Hure herrscht in Babylon).
Mein Herzschlag und das Formen meiner Hände,
sie sind nicht mein. Ich habe mich verkauft.
Die Miete der Gedanken ist geregelt.
Ich bin nicht mein, ich bin nicht mein,
ich bin nicht mein ...

Und fünfundzwanzig Jahre währt mein Schlaf,
und fünfundzwanzig andere das Joch,
und war ich fünfzehn jung, so bleiben
zehn Jahre meinem Weib und meinem Leben.
Ich bin nicht mein. Die flücht'gen Lieder,
die in den Bäumen hängen, nähren mich.
Ich habe dich verkauft, du schöner Tag,
ein Peter Schlehmihl vom Geschlecht der Knechte.
Der Abend bleibt mir und die halbe Nacht.
Ich bin nur halb, ich bin nur halb,
ich bin nur halb ...

Dieses hübsche Lied wurde von dem damaligen Lead-Singer der »Milestones« (und heutigen Cheftontechniker und Koordinator der »Schmetterlinge«), Günther Grosslercher, komponiert und gesungen und hatte, soweit ich mich erinnern kann, zwei Folgen.

Einige »Milestones« schauderten vor der Entwicklung zurück, die die Gruppe nahm. Na gut, dachten sie wohl, wir singen eben deutsch, aber muß man deshalb gleich so konkret werden? Ich glaube, sie hatten recht, denn so erfolgreich der »Falter im Wind« durch die gesamte Pop-Welt flatterte, so gewiß schaffte es »Der verkaufte Tag« nicht einmal ansatzweise, in die Laufbandsendungen der Rundfunkanstalten zu kommen.

Diese Diskrepanz spaltete die erfolgreichen »Milestones«, die »Schmetterlinge« sahen aber plötzlich Pop-Land links von »Tschotscholossa«, ihrem damals besten Hit. Sie wußten also sehr genau, worauf sie sich einließen, und gerade das machte sie für ihr kritisches Publikum glaubwürdig: Sie hatten sich ihren Tag nicht abkaufen lassen ...

DIE ERSTEN LIEDER

Andere »Urquellen« waren jene Texte, die ich zu einer Mappe von Grafiken von Herbert Traub machte, die in der Wiener Secession anläßlich des ersten Jahrestages des sogenannten Pinochet-Putsches in Chile ausgestellt wurden. Ein Jahr zuvor war die demokratisch gewählte Regierung des Salvatore Allende mit CIA-Unterstützung und unter dem höhnischen Applaus auch der österreichischen Konservativen durch einen faschistischen Putsch gestürzt worden. Die europäische Linke war geschockt durch die vorgeführte Leichtigkeit faschistischer Machtübernahme und die darauffolgende Phase äußerster Menschenverachtung.

Eines der – nach meiner Meinung – gelungensten Lieder der »Proletenpassion« nimmt in der Station »Faschismus« darauf Bezug, indem es vom Tod des Sängers und Dichters Victor Jara erzählt ...

Damals aber, ein Jahr nach dem Chile-Putsch, boten die zu einer Serie von Radierungen entstandenen Texte den »Schmetterlingen« die Möglichkeit, einige politische Lieder zu singen. Zum Beispiel:

BLINDE KUH

Freut euch des Lebens und spielt »blinde Kuh«!
Eins, zwei, drei – abgezählt!
Draußen bist du!
Ein Schatten fällt auf den Platz: Ah! Be! Buh!

Schatten fällt auf den Platz,
spielt »schwarzer Mann«,
schaust du nicht,
siehst du nichts –
es ist nebenan!

Siehst du nichts,
weißt du nichts –
Schicksal schlag' zu!
Schatten fällt!

Abgezählt!
Spielt »blinde Kuh«!

Kleine Frau, kleiner Mann,
fragt sich – was nun?
Soldatenspiel, Schattenspiel-
kann man nix tun!
Schön war das Leben!
Wünsch' gut zu ruh'n!

Aus der Serie dieser Texte stammt auch ein Gedicht, das sich zwar der Vertonung entzog, aber bereits die Grundelemente einer »Proletenpassion« transportiert:

ZWISCHEN ZWEI GEBETEN

Wie wär's, Eminenz, zwischen zwei Gebeten
mit einer Heiligsprechung der Proleten?
Angeklagt
der Austreibung der Händler aus dem Heiligsten,
der wunderbaren Brotvermehrung verdächtig
sowie der aufwiegelnden Ansicht,
die Letzten würden einst die Ersten sein!

Kaiphas und seine Knechte
sehen gefährliche Staatsfeinde in ihnen,
der Statthalter der Macht, der gerechte,
wäscht seine Hände in Unschuld.
Herodes erklärt sie für vogelfrei.

Da wird getrunken von ihrem Blut,
von ihrem Fleisch wird gegessen,
um Silberlinge werden sie verraten,
ihre Kraft wird gekreuzigt,
verdoppelte Wachen fürchten ihre Auferstehung,
und ihr heiliger Geist
ist selbst durch Sperrfeuer nicht
zum Absturz zu bringen.

Wie wär's, Eminenz, zwischen zwei Gebeten,
mit einer Heiligsprechung der Proleten?

Das erfolgreichste Lied dieser Chile-Serie war aber ein bis in die Gegenwart wirkender Dauerbrenner, der eigentlich seinen Platz im Epilog der »Proletenpassion« hätte finden müssen, wenn er nicht schon auf der ersten Platte der »Schmetterlinge« mit ausschließlich deutschsprachigen Liedern verewigt worden wäre, auf der LP »Lieder für's Leben«, unter dem Label »Antagon« 1975 erschienen.

Spätere Adaptionen mußten nur den Cowboy-Namen Jonny (für Henry Kissinger) jeweils in Henry oder (für Ronald Reagan) in Ronny verändern:

JONNY REITET WIEDER

Mutter, hol' dein Kind ins Haus hinein,
aus den unbeschreiblichen Prärien Hollywoods
ritt Jonny wütend ein, eiskalten Bluts.
Ein wilder Schattenriß im Zwielichtschein
seines ungeheuren Hintergrunds
hebt er sich mächtig ab! Gott sei bei uns!

    Steht zusammen, Brüder,
    Jonny reitet wieder!
    Yippie-eh, für den CIA!
    Yippie-yi, für die ITT!
    Und noch einmal für das Kapital,
    für die Oil-, und die Fruit-,
    und die Kupfer-Company!

Wer hat dem Dieb die Beute abgejagt?
Jonny reitet wieder und ist von Waffen schwer,
er stellt die alte Ordnung wieder her.
Wer hat das Monopol zu enteignen gewagt?
Jonny reitet's nieder, geschnürt ins Panzermieder,
und bringt die Ordnung der Konzerne wieder.

    Steht zusammen, Brüder,
    Jonny reitet wieder!
    Yippie-eh, für den CIA!
    Yippie-yi, für die ITT!
    Und noch einmal für das Kapital,
    für die Oil-, und die Fruit-,
    und die Kupfer-Company!

Wer gab dem Volk zurück, was ihm gehört?
Schon reitet Jonny wieder auf dem hohen Roß
und macht die alten Herren wieder groß!
Und daß mir keiner hier die Zucht und Ordnung stört!
Die Rädelsführer wiegt der Wind am Strang!
Jonny taucht in grandiosen Sonnenuntergang!

    Steht zusammen, Brüder,
    Jonny reitet wieder!
    Yippie-eh, für die CIA!
    Yippie-yi, für die ITT!
    Und noch einmal für das Kapital,
    für die Oil-, und die Fruit-,
    und die Kupfer-Company ...

Und obwohl das nun ein Lied war, das dem – von allen Zeitgenossen beobachteten und selbst von bürgerlichen Medien gemeldeten – tatsächlichen Geschehen entsprach, war es natürlich wieder kein »Schlager« der Rundfunksendungen, erstaunlicherweise aber dennoch ein eindeutiger Publikumserfolg jenseits des gesamten U-Musikmarktes, und das über viele Jahre hinweg, eigentlich bis heute.

Der daraus zu ziehende Schluß, daß die Leute bei weitem nicht so dumm sind, wie die Plattenbosse und die Medienzaren es gern hätten, hat offenbar einiges für sich ...

IN DER ARENA: BROT UND SPIELE

»Arena«, so wurde zunächst eine Spielwiese alternativer Kreativität abseits der hochsubventionierten »Hochkultur« der Wiener Festwochen genannt.

Der Begriff »Arena« geistert durch alle meine Werkverzeichnisse. Das Jahr 1970 ist in meinem Gedächtnis als das Jahr der 1. Arena gespeichert. Zusammen mit Armin Thurnher (später Chefredakteur der Wiener Stadtzeitung »Falter«, damals aber kritisch verbummelter Achtundsechziger-Student und begabter Klavierspieler) produzierte ich für das Cafétheater eine Wien-Collage mit dem hübschen und vor allem wahren Titel »STONED VIENNA«, die der spätere Regisseur der »Proletenpassion«, Dieter Haspel, in der großen Halle des Museums des Zwanzigsten Jahrhunderts äußerst effektvoll in Szene setzte.

Ländermatch-Stimmung stellte ein Kritiker[8] fest und formulierte mit diesem einen Wort die zweifellos beste Kritik, die ich jemals bekam, denn was will man im Theater eigentlich mehr erreichen? Ich glaube, daß damals erstmals die Form der Arena-Bühne in Wien und von einem Wiener Theater verwendet wurde.

In der »Arena« wollte man die starken Impulse alternativer Kunst bündeln und unter einen Hut bringen. Die berühmt-berüchtigten »Achtundsechziger« waren ja eine Generation, die mit geballter Experimentierfreude und entfesselter Kreativität gegen mumifizierte und versteinerte Strukturen und Institutionen ankämpfte.

Dieser Anspruch hatte auch dann, wenn er kulturell formuliert wurde, politische Dimensionen. Besonders galt das in Österreich, wo die von der kochenden Volksseele so genannten »Uni-Ferkeln« eine eventuelle weitere politische Entwicklung der Studentenbewegung, etwa nach Pariser Vorbild, unmöglich gemacht hatten.

Es gab in der alternativen Kulturszene damals etwas, das irgendwie – wahrscheinlich bei der »Unterwanderung der Institutionen« – verlorengegangen ist: kühne, bunte, frischgewagte oder auch dumme, verrückte, vielleicht total überflüssige, aber jedenfalls stattfindende Experimente auf jedem Gebiet. Und eines ist unbestritten, daß man nämlich gerade durch mißlungene Experimente den größten Lerneffekt erzielen kann ...

In der »Arena« konnte man also all diesen unbotmäßigen Künstlern, Spinnern und Experimentatoren eine Spielwiese bieten und sie dabei zugleich im staatsväterlichen Auge behalten. Immerhin, hier hatte der gesellschaftliche »Faktor X«, die Kreativität, einen tolerierten Freiraum gefunden.

Und da es sonst noch niemand getan hat, will ich an dieser Stelle jenes Festwochenintendanten gedenken, der damals das alles »zugelassen« hat und der nur den einen (allerdings schweren) politischen Fehler machte, viel zu bescheiden zu sein. Er hieß Ulrich Baumgartner und war ohne Charakterschwund in das Niemandsland zwischen Kunst und Kulturverwaltung geraten...

In vielen folgenden »Arenen« lieferte ich dann ganz verschiedene Stücke ab, die vor allem das Eine gemeinsam hatten, eben grundverschieden zu sein. Eines dieser Stücke, nämlich »SPARTAKUS« (eine Produktion der Theatergruppe Torso im Theater an der Wien), hatte ja sogar die Arena des römischen Gladiatorenschlachtfelds als Szenarium, die ihrerseits nichts anderes als die barbarische Verformung des hellenischen Amphitheaters und des Stadions ist. Diese beiden Arenaformen wiederum, die jeweils soziologische Qualitäten bedeuten und kulturelle ermöglichen, die formelhaft für Demokratie und gesellschaftliche Kultur stehen, leiten sich ab von der wirklichen »Wiege unserer Kultur«, vom Dorfplatz, von der Agora.

Die »Arena 76« war dann doch etwas Besonderes, etwas in einer ganz neuen Qualität. Die baulich stark heruntergekommenen, leerstehenden Hallen und Gebäude des ehemaligen Auslandsschlachthofs St. Marx wurden in einer kulturpolitisch äußerst werbewirksamen Geste als Spielwiese vorübergehend zur Verfügung gestellt.

Es stellte sich sehr schnell heraus, daß sich das Gelände zu weit mehr eignete als nur für alternative Theateraufführungen. Als die Leute nach der letzen Vorstellung einfach dablieben und das Gebäude besetzten, hätten die Politiker und die Verwalter unserer kulturellen Strukturen eigentlich glücklich darüber sein müssen, daß ihre Vorschläge von der Bevölkerung so begeistert aufgenommen wurden.

Aber die Wirklichkeit sah anders aus: Die Besetzung wurde als Anmaßung und Bedrohung empfunden, und es wurde ganz deutlich (der eigentliche Lernprozeß für die Besetzer), daß alle Formen direkter Demokratie von den etablierten Institutionen sofort als Rebellion begriffen werden. Und das natürlich zu Recht, denn das Wesentliche an der Demokratie ist die Kontrolle der Macht.

». . . kühne, bunte, frischgewagte oder auch verrückte, vielleicht total überflüssige, aber jedenfalls stattfindende Experimente auf jedem Gebiet . . .«
Kinder im »Kinderhaus« der »Arena 76«.
(Foto: Gino Molin-Pradel.)

Dazu kam, daß in der besetzten Arena sehr schnell und wirkungsvoll soziale Strukturen auf Gebieten entstanden, die in der realen Sozialpolitik eher am Rande wahrgenommen werden. Da gab es zum Beispiel das erste Frauenhaus des Landes, alternative Architektengruppen, moderne Formen der Bewährungshilfe und der Selbsthilfe sämtlicher Randgruppen, und natürlich gab es permanent Kultur.

Philipp Maurer beschreibt die »Arena« als »Zeitzeuge« und aus der Sicht der »kritischen Liedermacher« in einem Buch[9], dem Teile seiner Dissertation zugrunde lagen:

Die »Arena« war 1976 Schauplatz alternativer Kulturveranstaltungen im Rahmen der Wiener Festwochen. Alle Liedermacher spielten dort; die »Schmetterlinge«, Erich Demmer, Reinhard Liebe, Kurt Winterstein (»Auf der ›Arena‹ wurde mir bewußt, daß ich ein ›Kritischer Liedermacher‹ bin«); und die »Arena« bot einigen Jungen wie Heli Deinboeck und Fritz Nussböck die erste große Auftrittsmöglichkeit ...

Der Kampf um die »Arena« war ein primär kultureller Kampf mit weitreichenden politischen Implikationen, da es darum ging, wie weit die Gemeinde Wien den kulturellen Bedürfnissen der Jugendlichen entgegenkommen würde. Die Gemeinde, die das Areal des Auslandsschlachthofs St. Marx bereits verkauft hatte, wollte ihren politischen Spielraum nicht zugunsten alternativer Politkultur einsetzen und zeigte deutlich, daß ihr Entgegenkommen gerade so weit ging, den Jugendlichen kurzzeitig eine Spielwiese zu gewähren. Nach einigen Wochen der Besetzung wurde das Gelände von der Polizei geräumt und nach dem Abbruch der Gebäude ein Textilzentrum errichtet.

Das Programm der offiziellen »Arena« hatte aus der Sicht der »Kritischen Liedermacher« zwei Höhepunkte: das vierte und letzte Programm des Kabaretts »Keif« (»Sauschlachten«) und die Uraufführung der »Proletenpassion« der »Schmetterlinge« ...

Derselbe Autor formulierte später in einem anderen Buch mit ähnlichem Thema[10] eine Beschreibung des Werkes:

Die »Proletenpassion« ist ein Konzeptkunstwerk von eindrucksvoller politischer und künstlerischer Geschlossenheit, das die aufklärerisch-argumentativen Möglichkeiten des »Kritischen Liedes« wesentlich erweitert und künstlerisch bereichert hat ... Heute, mehr als ein Jahrzehnt nach der Uraufführung, ist der Erfolg der »Proletenpassion« ungebrochen. Dies bestätigt ein begeistertes Publikum bei Aufführungen im Spätherbst 1987 ...

Die differenzierte Einschätzung von Thomas Rothschild[11] aus dem Jahr 1980 vergleicht in dreiundzwanzig Porträts die wesentlichen Liedermacher des deutschen Sprachraums:

*Es begann in einer hallenden Klosterkapelle und führte stracks in eine Halle eines ehemaligen Schlachthofs — in die »Arena«: Willi Resetarits, Erich Meixner und Georg Herrnstadt spielen nach der »Arena«-Besetzung auf.
(Foto: Gino Molin-Pradel.)*

... Der große Wurf aber gelang den Schmetterlingen mit der »Proletenpassion«, einem gigantischen Drei-Stunden-Werk, das bei den Wiener Festwochen szenisch uraufgeführt wurde. Es handelt sich um einen Zyklus von Liedern über die Geschichte der Kämpfenden. Was Yaak Karsunke in seiner »Bauernoper« für die Bauernkriege tat, das führen die Schmetterlinge vom 16. Jahrhundert in die Gegenwart fort: sie erzählen aus der Sicht derer, die unsere Geschichtsbücher immer noch totschweigen.
Dem Textautor gelingen eine ganze Reihe eindrucksvoller und treffender Bilder, die über manchen allzu platten Reim, manche allzu thesenhafte Devise hinwegsehen lassen.
Über Geschichtsinterpretation kann man immer streiten. Man mag ein Lied über die Sozialfaschismus-Theorie als Pendant zur Kritik an der Sozialdemokratie der Ersten Republik vermissen, man mag die Darstellung der Oktoberrevolution allzu vereinfacht finden – das gesamte Unternehmen bleibt solchen Einwänden zum Trotz beispielgebend, für das politische Lied ebenso wie für die Auseinandersetzung mit Historie ...
Die musikalischen Mittel, die die Schmetterlinge in der »Proletenpassion« einsetzen, sind von einer Vielfalt und von einem Standard, wie man sie sonst kaum wo finden wird. Sie reichen von mehrstimmigen Vokalsätzen über die Imitation alter Instrumente bis zu melodiösen Ohrwürmern und raffinierten Rockrhythmen. Ironie, Groteske und parodistische Elemente bringen in das Opus eine erfrischende Munterkeit, die der Gefahr einer Zeigefingerdidaktik vorbeugt. Diese undogmatische Haltung wird vom Publikum bei Auftritten, an die sich in der Regel eine Diskussion anschließt, entsprechend gewürdigt ...

Was sich damals eine Woche vor der offiziellen Eröffnung der Wiener Festwochen in der »Arena 76« im Schlachthof von St. Marx abspielte, traf manche altgediente und routinierte Kulturkritiker unvermittelt und überraschend in die ideologischen Weichteile und hob sie (ein ansatzloser linker Uppercut) aus den ausgetretenen Schuhen ihrer jeweils redaktionell geübten Dogmatik.

Konfusion herrschte an den Schreibtischen der Kulturredaktionen, mitunter fühlte sich der innenpolitische Redakteur kompetenter als der für Kultur zuständige ...

DOPPELCONFERENCEN
UND KRITIKERKRIEGE

Die Medien der linken wie der rechten Reichshälfte – und erst recht jene an den jeweiligen Spektralrändern – waren durch die Premiere der »Proletenpassion« und auch durch die starke Reaktion des Publikums mehr als verunsichert.

Plötzlich aus heiterem Himmel hatte da der häßliche Blitz der Politik in den schummrigen Kulturredaktionen eingeschlagen. Dabei traten nun mehrere mediale Phänomene zutage. Es zeigte sich eine Scherenbewegung der Ansichten und – wie in Ernst Jandls wunderbarem Gedicht – waren lechts und rinks nicht zu velwechsern.

Das hatte seinen guten Grund in der Personalpolitik der jeweiligen Redaktionen, denn in der bürgerlichen Presse kümmern sich ja normalerweise die gestandenen Konservativen um Innen-, Außen- und Wirtschaftspolitik, während im Besenkammerl der Kultur die schöngeistigen Humanisten stagnieren. In den sozialdemokratischen Blättern hingegen sind die politischen Ressorts in den sicheren Händen linientreuer Vordenker, für den Kulturredakteur hingegen reicht normalerweise ein rosa Wölkchen im Denkprozeß. Dies führte dazu, daß die bürgerlichen Kritiken mühelos auf der linken Überholspur fahren konnten, wenn sie auch im ideologischen Bereich sowohl mit feinen Klingen als auch mit hämischen Keulen arbeiteten.

So schrieb damals »Die Presse« beunruhigt:

... Bestimmt ist die «Proletenpassion» das größte KP-Spektakel seit Ende der Besatzungszeit...[12]

Es dauerte mehrere Jahre, diese Abstempelung zu korrigieren und zu einem gerechteren Image zu kommen, denn gerade nahestehenden politischen Perspektiven gegenüber waren wir in unserer Arbeit besonders kritisch begegnet. Tatsache ist jedoch, daß sich jeder ehrliche Kommunist zwar mit weiten Strecken der »Proletenpassion« solidarisch fühlen konnte, sogar einen in die Zweite Republik ragenden Ausläufer früher Arbeiterkultur erblicken konnte, bestimmte Aussagen mußte er aber als um so schmerzhafteren Stachel im ideologischen Fleisch empfinden. Zum Beispiel jenen Kommentar am Ende der Station über die Oktoberrevolution, der die Qualität des sogenannten »realen

Sozialismus« in Zweifel zog – freilich lange vor Gorbatschow und »Perestroika«.

Die »Schmetterlinge« spielten später zwar das Werk in der Hauptstadt der DDR – im vom dortigen Volksmund so genannten »Palazzo Protzo« in Berlin -, aber vor streng handverlesenem Publikum. An einen Verkauf der Plattenfassung in der DDR oder an eine Konzerttournee war natürlich nicht zu denken. Und als ich dem Kulturminister der DDR anläßlich seines Besuches in Österreich eine Plattenkassette der »Proletenpassion« feierlich überreichte, zischelte dem gefährdeten Genossen ein Mitglied des Politbüros der KPÖ warnend einen Kassandra-Satz über die Schulter: »Nicht ganz unproblematisch!« Und das war ja nun schließlich wirklich wahr ...

Die sozialdemokratische »AZ« – damals immerhin noch mit dem Untertitel »Arbeiter-Zeitung« – war in argen Nöten und beschrieb über mehrere Absätze hinweg die stimmige Industriearchitektur der benachbarten Gasometer, um schließlich anklagend festzustellen:

... Die »Schmetterlinge« flattern für die marxistisch-leninistische Revolution, wobei der Musikboxsound nur die modische Popmusikverpackung ist ...

Hier lag nun interessanterweise der einzige Versuch einer Kritik des Musiker-Handwerks der »Schmetterlinge« vor, der sich sogar noch zu einer weiteren Steigerung aufbäumte:

... Die Kommerzverschnulztheit, die szenenweise durch parodistische Zutaten aufgespritzt wird, ohne daß das Gebräu dann sehr aufregend moussiert, ist nur die Hülle für ihre Botschaft, die von der Mehrzahl der Premierenbesucher recht begeistert aufgenommen wurde ...[13]

Nun war an dieser negativen Argumentation besonders interessant, daß sie bestimmte Werte auf den Kopf stellte, denn es war ja gerade die erklärte Absicht der »Schmetterlinge« gewesen, die formalen Mittel der kommerzialisierten Musik für ihre Zwecke einzusetzen, und daraus ergab sich nebenbei auch der Anspruch, daß sie fachlich einfach besser sein mußten als ihre marktabhängigen Kollegen, weil sie sonst ja mit fliegenden, wenn auch mit roten Fahnen untergegangen wären. Aus diesem Grund waren ja auch viele Kritiker genötigt, sozusagen auf zwei verschiedenen Ebenen zu kritisieren, also sich zum Beispiel inhaltlich abzugrenzen, aber formal zu applaudieren.

Etlichen »empörten« Leserbriefen an die »AZ« gegenüber verteidigte sich der Redakteur, indem er der »Proletenpassion« stalinistische Tendenzen sowie Geschichtsklitterung vorwarf.

In der Station über den Faschismus zeigte eine Spielszene, die später durch ein Lied über Krupp und Thyssen ersetzt wurde, den entscheidenden Anteil der deutschen Schwerindustrie an der Förderung Hitlers und seiner Partei auf. Ein wichtiges historisches Detail, das viel zu wenig bekannt ist. Die »AZ«-Kritik machte daraus eine oberflächliche Gleichsetzung von Kapitalismus und Faschismus. Aber all das machte nicht mehr viel aus, denn die »empörten Leserbriefe« und der redaktionelle Kommentar erschienen ohnehin erst nach der letzten Vorstellung ...

Doch auch glänzende Kritiken hatten ihre versteckten Fallen eingebaut. So meldete meine große Kollegin Hilde Spiel über mich sehr ehrenvoll nach Deutschland:

... Er trifft den Volksliedton, den Landsknechtston, den Eisler- und Brecht-Ton, er kann Knittelverse schnitzen und Balladen à la Biermann hämmern, er hat als Wiener von Karl Kraus gelernt, wie man Zitate zu Bumerangs macht...[14]

Schön, nicht wahr? Zugleich beschrieb sie mich allerdings als »sprachbegabten Mann mit radikaler Gesinnung«. Was das Attribut »radikal« zur Zeit des Radikalenerlasses und der Berufsverbote in der Bundesrepublik Deutschland bewirkte, das sollten die »Schmetterlinge« in der Folgezeit bei ihren zahlreichen Deutschland-Tourneen zu spüren bekommen. Ihre diesbezüglichen Erfahrungen führten schließlich zu der LP »Herbstreise«, die auf diese Art 1979 zu einer Fortsetzung der »Proletenpassion« – eigentlich aber zu einer natürlichen Ergänzung der letzten Station »Gegenwart« – wurde.

Aber auch Hilde Spiel warf der »Proletenpassion« Geschichtsklitterung vor, die Gleichsetzung von Kapitalismus und Faschismus, das Verschweigen Stalins, der Niederschlagung des ungarischen Aufstands 1956 und des Einmarsches der Truppen der Warschauer Paktstaaten in der Tschechoslowakei. (Auf die Gründe für solche »blinden Flecken« gehe ich bei den entsprechenden Stationen ein.)

Andere bemerkten wiederum:

Die ausgelernten Linken haben mit den »Schmetterlingen« keine Freude, weil sie weder die Lektionen der einen oder anderen Fraktion herunterbeten...[15]

Einige Blätter versuchten sich zurechtzufinden, indem sie – wie etwa die katholische Wochenzeitung »Die Furche« – zwei Redakteure bemühten, wobei der eine mehr auf die Politik, der andere mehr auf die Kunst schauen konnte.

Mit großem Vergnügen machte ich mich aber an die Niederschrift des Tonband-Mitschnitts jener bemerkenswerten Doppelconférence im Österreichischen Rundfunk, die am 16. Mai 1976 das Ereignis des vergangenen Tages schilderte. Hier ist sie:

(Die Kultur Signation ertönt. Dr. Volkmar Parschalk lobt die Entscheidung, die »Arena« eine Woche vor dem offiziellen Festwochenbeginn zu eröffnen, und kündigt die bevorstehenden Ereignisse an. Dann kommt er auf den gestrigen Premierenabend zu sprechen ...)

Dr. Parschalk: Nun also die »Proletenpassion« von Heinz Unger, Musik Schmetterlinge, Regie Dieter Haspel. Gestern Abend eigentlich ein großes, wichtiges Ereignis ...

Ulf Birbaumer (als Gast): Ja, also wenn's so weitergeht, dann können wir wirklich sehr zufrieden sein mit den Wiener Festwochen. Noch dazu sind wir ja mit Eigenproduktionen dieser Qualität auch nicht verwöhnt in den letzten Jahren. Es geht also darum (die Motivation kurz vielleicht), eine Sache, die viele Theatergruppen und Autoren immer wieder aufrollen, herrschende Geschichte, wie sie in der Schule gelehrt wird, wäre die Geschichte der Herrschenden, kurz gesagt. Es geht also um den Abbau der Privilegien, es geht darum, der verlorenen Solidarität des »kleinen Mannes« auch in der Geschichtsforschung, in der Geschichtswiedergabe einen Platz einzuräumen. Und das versucht also diese »Proletenpassion« zu tun, etwa mit Titeln der einzelnen Balladen, da kommt eine zum Beispiel vor, die heißt »Wir hatten Gräber und ihr hattet Siege«, das weist darauf hin, oder »... wir bauten die Schlösser und ihr last Gedichte ...« Also auch diese Kulturprivilegien – und diesen Abbau zu fördern, scheint also Unger das Hauptanliegen gewesen zu sein ...

Dr. Parschalk (drückt mir eifrig einen Stempel auf die Stirn): In der Nachfolge von Bert Brecht natürlich ...

Ulf Birbaumer (hektisch): In der Nachfolge von Bert Brecht und Engels (!), zweifellos, das zeigt auch das Zusammenspiel der Gruppe Schmetterlinge mit dem Autor, übrigens schon eine eingespielte Kooperation, wie man weiß, und nun wird also diese Geschichte dargestellt anhand der Bauernkriege, anhand der Pariser Kommune, anhand des Spanienfeldzugs, des Faschismus im Dritten Reich, auch des Faschismus im Reich Pinochets und anderer. Schwerpunkt ist die linke ... (*unverständlich*), das muß man auch einmal sagen, so schön die Oktoberrevolution in Rußland dargestellt wird ... (*verlegenes Lachen*), über die Auswüchse dann, was also zum Stalinismus geführt hat, daß das auch hier einen Platz hätte ... Dennoch ein sehr positives Ereignis durch die Kombination von einer Pop-Gruppe mit einem doch recht passablen Schriftsteller wie Heinz Unger und einem meiner Ansicht nach ausgezeichneten Regisseur wie Dieter Haspel ... (*Jetzt bricht der Germanist in Ulf Birbaumer durch...*) Ich halte auch die Texte von Unger für ganz ausgezeichnet, ich glaube, daß der Haupterfolg vielleicht doch auf diese Texte zurückgeht. Eine so klare Sprache, Balladen ohne Schnörkel, mit echtem Pathos manchmal, gleich wiederum gebrochen durch genau so echten Humor, eine sprechbare, eingängige und singbare Sprache, also das findet man, glaube ich, in der zeitgenössischen deutschsprachigen Literatur sehr selten. Ich muß also dem Unger da ein sehr großes Lob aussprechen, detto Haspel, der sich also da sämtlicher Manierismen enthält, denen er manchmal gerne huldigt, sondern das Ganze genau so klar und unprätentiös, treffsicher inszeniert. Er hat sich also auch seinen Bühnenbildner mitgebracht und seinen Dramaturgen ... Dieser Bühnenbildner ... (*der Name Georg Resetschnig fällt Birbaumer offenbar nicht ein*) setzt auch nur die wichtigsten Akzente, kleines Bühnenportal, eine Leinwand, die auch von hinten beleuchtet werden kann, also Schatteneffekte erzielt, gleichzeitig auch für Projektionen vorhanden ist, übrigens sehr, sehr schöne, sehr präzise ausgewählte, ferner sehr, sehr schöne Kostüme, die jeweils die geschichtlichen Epochen klar charakterisieren, manchmal werden auch nur Accessoires verwendet, die Jakobinermütze, ein kleines Trikolore-Abzeichen, eine Kappe, wie sie die Matrosen in Odessa getragen haben und ähnliches ...

Dr. Parschalk (euphorisch): Bewundernswert ist der Einsatz der Mitwirkenden, und zwar sowohl dieser Gruppe »Schmetterlinge«, von denen sich jeder einzelne Mitspieler sich nicht nur virtuos auf mehreren Instrumenten erweist, sondern auch als perfekter Schauspieler erweist. Und natürlich kommen ein paar Schauspieler dazu, eine junge Dame zum Beispiel (*als ORF-Mensch der Hochkultur kennt Dr. Parschalk Popmusiker natürlich nicht*), die aber auch eine hervorragende Flötistin ist und die auch versucht, Can-can zu tanzen, und radschlägt (!), also etwas, das also Schauspieler auf unseren Bühnen nicht können ...

Ulf Birbaumer (dozierend): Ja ... ich weiß nicht, ob Sie wissen, woher die kommt ... das ist also die Beatrix Neundlinger, die kommt von den ehemaligen »Milestones«, ist also durchaus in dem Sinn nicht schauspielerisch ausgebildet, sondern musikalisch ...

Dr. Parschalk (inbrünstig): War aber hervorragend!

Ulf Birbaumer (atemlos wie Hugo Portisch): Ja, war ausgezeichnet! Da geb' ich Ihnen völlig recht ... Oder auch die kleine Schlagzeugerin, die aber überhaupt nicht in Erscheinung tritt *(er meint Angela Beran)*, allein die fünf Minuten zu beobachten, wie sie bei dieser Musik mitgeht und wie sie die Akzente setzt, das find' ich wirklich großartig! ... Ich bin kein Fachmann auf dem Gebiet der Popmusik oder der verjazzten Folklore, oder was immer man also hier an musikalischen Elementen einbringen will ... es sind ja fast alle drinnen, muß man sagen. Aber ich glaube, daß man das doch objektiv feststellen kann ...

Dr. Parschalk: Erstaunlich, daß eben alles live durchgeführt werden konnte, daß man in diesem großen Raum, der ja leider gestern sehr kalt war, daß man alles live machen konnte, und Regisseur Dieter Haspel hat uns dazu gesagt ...

(Einblendung eines Kommentars, der aber offenbar vor der Premiere aufgenommen worden war.)

Dieter Haspel: Wir versuchen, alles live zu machen, also es gibt kein Playback oder sonst irgendetwas, und wir haben auch noch große Schwierigkeiten mit der Technik, aber ich glaube schon, daß wir das hinkriegen werden. Und vom Musikalischen her versuchen wir, die einzelnen Stationen zum Beispiel auch der inneren Ästhetik gemäß zu übersetzen, daß wir zum Beispiel die Bürgerliche Revolution als eine Opernparodie darstellen, das stellt jetzt große Anforderungen an die einzelnen Schauspieler, und wir mußten sehr viel probieren dafür, damit wir doch so etwas wie eine professionelle Qualität hinkriegen.

Dr. Parschalk: Wenn man Kritik anführen wollte, so wäre es die, daß dieses Parodistische, diese Opernparodie nicht so gut gelungen ist wie die mit moderner Musik gestalteten Teile ...

(Derartige Kritik zu äußern war aber sehr riskant für den Dr. Parschalk ...)

Ulf Birbaumer (runzelt hörbar die Stirne und sprengt sofort als verteidigender Ritter in die »Arena« des Geistes): Ja ... vielleicht ... ich glaube aber, das liegt weniger daran ... Ich habe also in österreichischen Nestroy-Aufführungen (!) beileibe wesentlich schlechtere Opernparodien gesehen, muß ich sagen, *(teilweise unverständlich)* ... die Diskrepanz, die fühlbar wird, liegt in der Verwendung der Mittel, man ist also plötzlich konfrontiert mit so einer Opernparodie und setzt das nicht gleich um, warum die gerade hier eingesetzt wird ... Wenn man später darüber nachdenkt – oder so, wie Haspel das erklärt hat –, wird's schon deutlich. Was wichtig scheint, ist wirklich das auch, da kann man also völlig zustimmen, dem, was der Regisseur gesagt hat, der Professionalismus der ganzen Produktion, der also wirklich erstaunlich ist – ich kann nur hoffen, daß es davon auch einmal eine Platte geben wird ...

ZWEI FASSUNGEN DER OUVERTÜRE

Die aktuelle Fassung der »Proletenpassion« beginnt mit einem Melodram, das korrespondierend das Thema eines bekannten Gedichts von Bertolt Brecht aufnimmt: »Fragen eines lesenden Arbeiters«. Dieses Gedicht eröffnet den der Plattenhülle beiliegenden Textband zu Recht, denn im Grunde versucht das gesamte Werk ja diese aufgeworfenen Fragen zu beantworten.
Die Einleitung des Textbandes antwortet dem Brecht-Gedicht dann direkt:

So viele Berichte.
So viele Fragen.
Was sind das für Schulen, die so viele Fragen nicht beantworten?
Ist nicht die heutige Berichterstattung in den Zeitungen und im Rundfunk ähnlich der Geschichtsschreibung?
Wem nützt das Ganze?
Wem müssen wir da mißtrauen?
Die herrschende Geschichtsschreibung will entgegen den Interessen der Unterdrückten die gegenwärtigen Zustände legitimieren und die Kämpfe ein für allemal für beendet erklären.
Wir wollen im Gegensatz dazu zeigen, daß die Kämpfe der jeweils Unterdrückten die Geschichte weitertreiben – für ihre Höherentwicklung sorgen.

Das Thema einer möglichen Antwort wird aber – wie es sich für eine Ouvertüre ja gehört – schon in dem ersten Lied »Wir hatten Gräber, und ihr hattet Siege« vorgegeben und dann in der Folge kontrapunktiert von Liedern, die herrschende Perspektive persiflieren.
Darauf bezogen schrieb Fritz H. Wendl im Textbuch zur Uraufführung:

... An einer Stelle der »Proletenpassion« heißt es: »Wir bauten Schlösser, und ihr last Gedichte...«. Auch im Kampf gegen solche Privilegien, die Kulturprivilegien, will die »Proletenpassion« Waffe sein...

WER SCHREIBT DIE GESCHICHTE

Jeden Morgen, wenn wir zur Arbeit fahren,
wird eine neue Seite ins Geschichtsbuch geschrieben.

Fragen eines lesenden Arbeiters

Wer baute das siebentorige Theben?
In den Büchern stehen die Namen von Königen.
Haben die Könige die Felsbrocken herbeigeschleppt?
Und das mehrmals zerstörte Babylon —
Wer baute es so viele Male auf? In welchen Häusern
Des goldstrahlenden Lima wohnten die Bauleute?
Wohin gingen an dem Abend, wo die Chinesische Mauer
 fertig war
Die Maurer? Das große Rom
Ist voll von Triumphbögen. Wer errichtete sie? Über wen
Triumphierten die Cäsaren? Hatte das vielbesungene
 Byzanz
Nur Paläste für seine Bewohner? Selbst in dem
 sagenhaften Atlantis
Brüllten in der Nacht, wo das Meer es verschlang
Die Ersaufenden nach ihren Sklaven.

Der junge Alexander eroberte Indien.
Er allein?
Cäsar schlug die Gallier.
Hatte er nicht wenigstens einen Koch bei sich?
Philipp von Spanien weinte, als seine Flotte
Untergegangen war. Weinte sonst niemand?
Friedrich der Zweite siegte im Siebenjährigen Krieg.
Wer siegte außer ihm?

Jede Seite ein Sieg.
Wer kochte den Siegesschmaus?

Alle zehn Jahre ein großer Mann.
Wer bezahlte die Spesen?

So viele Berichte.
So viele Fragen.

»So viele Berichte. So viele Fragen...«
Ein Gedicht von Bertolt Brecht wird zum Einstieg in das Thema.

Wer schreibt sie? Geschieht Geschichte mit uns?
Oder machen w i r unsere Geschichte?

Unsere Geschichte ist die Geschichte von Kämpfen
zwischen den Klassen, eine wütende Chronologie.
Doch gelehrt wird uns die lange Reihe von Kronen und
　Thronen,
und über allem waltet ein blindes Geschick.

Wenn wir so vieles nicht erfahren sollen,
wer hat Interesse daran, daß wir es nicht wissen?
Wenn so vieles nicht in den Lehrbüchern steht,
wer will, daß es nicht gelehrt wird?

WIR HATTEN GRÄBER
UND IHR HATTET SIEGE

Wir hatten Gräber und ihr hattet Siege,
wir haben für euch unsere Finger gerührt,
wir fraßen zu lange gezuckerte Lüge
beim falschen Wirt.
Wir haben euch eure Kriege geführt,
jetzt führen wir unsere Kriege.

　Die erzenen Reiter auf den Heldenplätzen,
　die waren nie unsere Retter,
　die reichen Schlösser voll geräuberten Schätzen
　zeugen von den Opfern unserer Väter.
　Das hat sich bis heute nicht geändert,
　das blieb sich bis heute gleich:
　Der Reichtum, den wir schaffen,
　der macht die Reichen reich.

Wir bauten Schlösser und ihr last Gedichte,
ihr saßet im Sattel und wir waren geduckt.
Wir lebten zusammen, doch nur eure Berichte
wurden gedruckt.
Wir haben eure Geschichte geschluckt,
jetzt machen wir unsere Geschichte.

Wir wollen die Wahrheit, die ganze Wahrheit haben,
durch eure Lügen ging sie uns verschütt.
Wir wollen unsere Geschichte ausgraben
und die Toten mit.

Denn auch ihr Scheitern lehrt uns jeden Schritt,
jetzt, da wir die neuen Kämpfe haben.

Die erzenen Reiter auf den Heldenplätzen,
die waren nie unsere Retter,
die reichen Schlösser voll geräuberten Schätzen
zeugen von den Opfern unserer Väter.
Das hat sich bis heute nicht geändert,
das blieb sich bis heute gleich:
Der Reichtum, den wir schaffen,
der macht die Reichen reich.

Was sich bis heute nicht geändert hat,
das kann sich sehr schnell ändern,
einem einigen Volk gehört sein Staat,
und das gilt in allen Ländern.

LIED DES GESCHICHTSLEHRERS

Ich bin der Lehrer für Geschichte
und verkünde die Berichte,
die auf uns gekommen sind,
in der Schule jedem Kind.

Cäsar liebte fette Römer,
und Lucullus war ein Schlemmer.
Erzherzog Johann war mehr steirisch,
aber ich bin unparteiisch.

Die Perser und die Griechen,
die konnten sich nicht riechen.
Die Säulen mag ich dorisch
sowohl ästhetisch als historisch.

Ach, Italiens Renaissance,
die versetzt mich fast in Trance.
Nur das zwanzigste Jahrhundert
hat mich immer schon verwundert.

Drei-drei-drei
bei Issos Keilerei.
Neunzehnhundertsiebenundsiebzig
ist beileibe nicht so wichtig.

Die Fassung der Uraufführung unterschied sich besonders am Beginn wesentlich von der späteren Konzertfassung. Bei diesem ältesten Teil des Werkes wirkte sich der Begriff »Passion« noch unmittelbar im kompositorischen Bereich aus.

Das erste Lied wurde von drei Frauen als Madrigal gesungen: Mit Beatrix Neundlinger, Christine Jirku und Pippa Armstrong-Tinsobin standen dem Regisseur Dieter Haspel drei hervorragende und doch auch sehr verschieden ausgeprägte Sängerinnen zur Verfügung, und er nützte diesen günstigen Umstand für ein außerordentlich eindrucksvolles Anfangsbild: Mit dem ersten Akkord, der angeschlagen wurde, durchschnitt ein schmaler Scheinwerferkegel die dunkle, überfüllte Halle der »Arena«, sein Fokus hob drei geneigte Frauenköpfe aus der Finsternis, deren lange Haare wie Trauerschleier vor den Gesichtern hingen. So sangen sie das Madrigal ...

TRAUERT LAUT IHR KLAGEWEIBER

Trauert laut, ihr Klageweiber,
über jeden Stein am Weg,
weint um jeden, Trauertöchter,
der am Wege niedersank.
Unberührt von eurem Stöhnen
steht der Unterdrücker Macht.
Ach, es hat der Kitt der Tränen
keinen wieder ganz gemacht.

AM KREUZWEG DES KLEINEN MANNES

Am Kreuzweg des kleinen Mannes
stehen keine Schriftgelehrten, um zu zeugen,
und nur ganz nebenbei werden Tränen vergossen.
Keine Bildsäulen zum Gedenken an sein Blut
stehen am Kreuzweg des kleinen Mannes,
seine Siege, sie sind nicht überliefert,
seine Qualen und Niederlagen verschwiegen,
seine Geschichte, sie wird ihm genommen,
seine Zukunft von Marktinteressen entschieden.
Am Kreuzweg des kleinen Mannes
reiht sich Golgatha an Golgatha.

*»Ach, es hat der Kitt der Tränen
keinen wieder ganz gemacht...«
Christine Jirku, Beatrix Neundlinger
und Pippa Armstrong-Tinsobin
singen das erste Madrigal.
(Fotograf unbekannt.)*

LIED VON DEN RELIGIONSKRIEGEN

Jetzt habt ihr's wieder mit der Religion.
Da seht ihr hinter Bombendämpfen
in Mord-Irland
Protestanten gegen Katholiken kämpfen,
und im heißen Libanon
den Halbmond euer Kreuz bedrohen.

In eurer Zeitung steht zu lesen:
das Blut beider Seiten
sei von gleicher Farb' gewesen,
und man warte auf bessere Zeiten
bezüglich der Religion.

Nur eines schreibt ihr nie:
zufällig war auch bei diesem Streite
die eine Seite
im Besitz des Reichtums und der Industrie.

Auch wenn sie sich im Glauben unterscheiden,
so trennen sie doch solche Kleinigkeiten
nicht so sehr.

Doch was die Pressesprecher stets vergessen:
Verschiedne Klassen sind verschiedne Interessen,
das trennt mehr.

Der Reichtum, den ein ganzes Volk geschaffen,
den machte eine Handvoll sich zu eigen.
Und sei's mit Flüchen oder sei's mit Waffen,
dies ist der wahre Krieg, die wahren Fronten,
mit oder ohne Kreuz.
Die einen haben's schwer, die andern haben Konten
in der Schweiz.

Das ist der Grund der Konfrontation,
wo auch der Kampf geführt wird – Irland
oder Libanon.
Um die Zusammenhänge zu verschweigen,
erzählt ihr uns: Ein Kampf der Religion.

Schlagt ein Kreuz, schlagt ein Kreuz,
schlagt ein Kreuz für jede Lüge.

Und so auch damals, als die Bauern rangen
und Schlachtenlieder statt Choräle sangen
gegen die Herren, die sie grausam preßten.
Sie ließen nicht auf's Jenseits sich vertrösten,
setzten die Flamme auf den Klostergiebel
setzten auf's Fürstenschloß den roten Hahn,
doch nicht für ein umstrittnes Wort der Bibel,
sie kämpften gegen Klassenschranken an.

Als sie mit ihrem Blut die Äcker tränkten,
zu Hunderten sie an den Bäumen hängten,
die Sensen brachen an den Ritterlanzen,
da mußten sie zuletzt im Feuer tanzen.
Und Siegern und Besiegten war auf jeden Fall
der Papst in Rom und Luther schnurzegal.

Jahrhunderte hindurch geduckte Knechte,
das war der neuen, alten Herrn das Rechte.
Sie nannten die Erhebung aus der Fron
selbstredend: einen Krieg der Religion.

Schlagt ein Kreuz, schlagt ein Kreuz,
schlagt ein Kreuz für jede Lüge.

Die ersten beiden Lieder wurden später aus dem Programm genommen, weil sie den Aspekt der »Trauerarbeit« noch verstärkten, der durch den Titel doch schon übermäßig strapaziert war.

Wahr ist, daß die Aufstände der Unterdrückten in der Geschichte der Menschheit zwar zahlreich, ihre Siege aber selten und kurz waren. Aber ebenso wahr ist, daß sich eine Evolution der inhaltlichen und ethischen Qualität dieser Siege nachweisen läßt, so daß – in größerem Bogen gesehen – Trauer, Weinerlichkeit und Mutlosigkeit nicht zwingend Ausdrucksmittel eines historischen Rückblicks aus der Sicht von unten sein müssen. Vorsichtiger Optimismus, wie ihn viele Lieder der »Proletenpassion« zum Ausdruck bringen, ist durchaus angebracht...

II
DIE BAUERNKRIEGE

Deutscher Bauernkrieg 1525, zeitgenössischer Holzschnitt.

VOM BROADWAY LERNEN
55

DIE AKTUELLEN TEXTE DER BAUERNKRIEGE
56

DIE LIEDER DER ERSTFASSUNG
65

DIE BAUERNKRIEGE ENDEN NIE
74

VOM BROADWAY LERNEN

Zu einer professionell hergestellten Broadway-Show gehören Probeaufführungen in der Provinz. So kommen etwa die Bewohner von New-Jersey manchmal in den Genuß der »Sensationen vom nächsten Jahr«. Wenn eine Produktion dann zum Stadtgespräch Manhattans geworden ist, wenn sie gelungen ist und oft in mehrjährigen Spielserien das Risikokapital der Produzenten einspielt und vervielfältigt, dann ist das zumeist den an weniger berühmten Plätzen gewonnenen Erfahrungen zu verdanken.

Die Arbeit an der »Proletenpassion« hatte solche Dimensionen angenommen, daß sich manches – etwa die Transportierbarkeit komplizierter wirtschaftlicher oder politischer Aussagen in Form eines kurzen Liedes – nicht abschätzen ließ. Wir benötigten dringend Erfahrungswerte, nahmen Maß an den Profis vom Broadway und organisierten ein Vierteljahr vor der Premiere als »Werkstättenarbeit« deklarierte Konzerte, im Stand Up Club in Fischamend und später in einer Veranstaltungsserie im Wiener Künstlerhaus-Theater.

Vor allem die ältesten Teile der »Proletenpassion« wurden gespielt und getestet, Lieder des Prologs und aus der Station »Die Bauernkriege«. Aber auch die Vertonung von Heinrich Heines »Die Weber« (für viele Hörer war das der kompositorische Höhepunkt der ganzen »Proletenpassion«) war schon fertig und wurde gespielt. Es kam zu keiner wirklichen Analyse nach dieser Vorstellungsserie, denn wir waren im Zeit- und Produktionsdruck, aber diese Konzerte hatten uns und dem Publikum gezeigt, daß da eine ganz neue Qualität im Entstehen war, die mit unseren früheren Arbeiten nicht mehr verglichen werden konnte.

Besonders das »Erntelied« war vielversprechend gelungen. Überhaupt hatten wir gerade in den ersten Stationen eine solche Materialfülle geschaffen, daß wir dann aus Gründen der Balance viele recht gut gelungene Lieder streichen mußten. Das führte schließlich dazu, daß zum allgemeinen Bedauern einige der besten Lieder später nie auf einen Tonträger kamen.

DIE AKTUELLEN TEXTE
DER BAUERNKRIEGE

Dem Textheft der Plattenfassung war der folgende Text, ein Exzerpt aus dem Buch von Bernt Engelmann »Wir Untertanen«[1], vorangestellt worden. Eine Kurzfassung davon wurde dann in der Konzertfassung als Meldodram gesprochen.

Um das Jahr 1500 kam es zu Dutzenden von Aufständen. Nicht nur die Bauern revoltierten, sondern auch viele Städter, und auch die »armen Ritter«. 1476 ruft Hans Böheim, der Pfeifer von Niklashausen, zum Widerstand auf; der »Bundschuh« unter Joß Fritz organisiert zahlreiche Aufstände, 1514 Aufstand des »Armen Konrad« in Württemberg.
Die Aufstände hatten durchwegs nur örtliche Bedeutung, waren ohne Zusammenhang und klares Ziel.
Erst als Martin Luther 1517 den Kampf gegen die verrottete und korrupte katholische Kirche aufnahm, und besonders als er 1521 vor dem Reichstag zu Worms standhaft blieb, wurde die revolutionäre Stimmung allgemein: Luther hätte der Führer der ganzen Nation sein können. Aber gerade er vertrat die Meinung, ein wahrer Christ müsse sich vor Aufruhr und Empörung hüten. Und seiner Autorität ist es zu verdanken, daß sich die Revolution nicht nach dem Norden und Süden Deutschlands ausbreitete.
Denn die Revolution war 1524 im Südwesten des deutschen Reiches ausgebrochen. Dort war der Prediger und Sozialrevolutionär Thomas Münzer sehr populär, der predigte, daß die Armen bereits auf Erden das Recht auf ein besseres Leben hätten.
Die Bauern des Allgäu und des Bodenseegebietes erhoben sich und bildeten militärische Formationen, die »Haufen« (Seehaufen, Allgäuer Haufen, Baltringer Haufen, zusammen ca. 30.000 Mann). Nach ersten Erfolgen formulieren sie im Winter 1524/25 ihre Forderungen in den 12 Artikeln, deren Weiterverbreitung den Funken der Revolte weitertrug. In der Folge ergaben sich viele Städte kampflos, viele Adelige erkannten die 12 Artikel an.
Aber nun sahen die Herrschenden, daß es ums System, ums Überleben ging. Und, wie immer in der Geschichte, vergaßen sie die Zwistigkeiten in ihren eigenen Reihen, und Protestanten und Römische Katholiken gingen gemeinsam daran, die Bauern niederzuschlagen. Dazu war ihnen kein Trick zu schmutzig, die Grausamkeit war ungeheuer.

Der Truchseß von Waldburg, später »Bauernjörg« genannt, versprach den Bauern die Erfüllung ihrer Forderungen, wenn sie die Waffen ablegten. Dann konnte er ein Dorf nach dem anderen überfallen und die Bewohner niedermetzeln. Weinsberg wurde geplündert und niedergebrannt. Während Scheinverhandlungen wurde das Hauptquartier der Aufständischen, Frankenhausen, umzingelt und alle Menschen getötet. Das große Strafgericht aber begann erst nach dem Zusammenbruch des Aufstandes und dauerte jahrelang. Insgesamt fielen ca. 130.000 Aufständische im Südwesten Deutschlands, die meisten erst, nachdem sie sich ergeben hatten. Die Schlächter wurden für wackeres »Strafen« mit eingezogenem Bauernland belohnt. Die Erben des »Bauernjörg« z. B. sind noch heute die reichsten Grundbesitzer jener Gegend, wo die erste deutsche Revolution begann.

Das Ziel der grausamen Strafexpeditionen wurde erreicht: von da an gab es in Deutschland drei Jahrhunderte lang keinen größeren Aufstand mehr.

DES BAUERN GROSSE NOT

Der Bauer trägt das ganze Land
auf dem gebeugten Rücken,
muß sich stets tiefer bücken,
für Fürst und Pfaffenstand.
Je mehr die Herren sich schmücken,
je härter drückt ihre Hand.

>Da hilft kein zorniger Gott,
>der Teufel wohnt im Schloß,
>da ist des Bauern Not so groß,
>des Bauern große Not.

Der Edelmann reit' aus zur Jagd,
der Fürst reit' über's Getreide,
der Bischof im goldenen Kleide
macht mir die Kindlein nackt.
Der Fürsten Gold und der Pfaffen Geschmeide
hab' ich aus dem Acker gehackt.

>Der Adel reit' über's Brot
>auf seinem hohen Roß,
>da ist des Bauern Not so groß,
>des Bauern große Not.

Ein Junker fuhr mit sieben Gulden
zur Stadt, und in den Gassen
sieht er reiche Bürger prassen
und macht beim Fugger Schulden.
Muß Bauern schinden lassen,
die Bauern müssen's dulden.

Auf's Blut und in den Tod
trifft mich ein jeder Stoß,
da ist des Bauern Not so groß,
des Bauern große Not.

DIE 12 ARTIKEL DER BAUERN

Das Vieh, das glotzend wiederkäut
wohl auf dem Weideland,
hat genau so viel Gerichtsbarkeit
wie der Bauer und sein Stand.

Drum standen ja die Bauern auf,
wohl mit der Heil'gen Schrift,
und stellten 12 Artikel auf,
was alles das betrifft:

Wer Pfaff auf unserer Kanzel sei,
wählen wir uns selber aus.

Fischen, Holz und Jagdrecht frei,
das bitten wir uns aus.

Die Freiheit habt ihr uns getrimmt,
Leibeigen bleib'n wir nit,
und von dem Zehent sei bestimmt
von Bauern, was geschieht.

Daß man es besser lesen kann, hei russa russassa,
trägt Waffen jetzt der Bauersmann, hei russa russassa.

LUTHER *(Originalzitat):*
An die Bauernschaft!
Das Evangelium lehrt die Christen auch das Unrecht leiden und
dulden und zu Gott in aller Not beten. Ihr aber wollt nicht leiden,
sondern die Obrigkeit wie die Heiden nach eurem ungeduldigen
Willen zwingen...

»Es soll kein Leibeigener sein, weil Christus uns befreit hat?« Was ist das? Das heißt, christliche Freiheit ganz fleischlich machen. Haben nicht Abraham und andere Patriarchen und Propheten auch Leibeigene gehabt? Drum ist dieser Artikel geradewegs wider das Evangelium und räuberisch; damit nimmt jeder seinen Leib, der eigen geworden ist, seinem Herrn weg. Dieser Artikel will alle Menschen gleich machen und aus dem geistlichen Reich Christi ein weltliches, äußerliches Reich machen, was unmöglich ist!

KAMPFLIED DER BAUERN

Tausend Haufen sind wir jetzt und schleifen uns're
    Sensen,
schmieden sie zu Spießen um, die in der Sonne glänzen,
tragen sie zum Bischofssitz und zum Herrenhaus,
dort bricht der Abend heute an und das Zittern aus.
Wir lassen rosten unsern Pflug, lassen den Acker sein,
wir bringen heuer noch genug und andre Ernte ein.
Der Wind hat sich gedreht, die Bauernfahne weht.
Ihr habt den Sturm gesät, der euch jetzt niedermäht.
Tausend Haufen sind wir jetzt und haben genug gelitten,
wir fordern jetzt, was uns gehört, und müssen nicht mehr
    bitten.

BERICHT ÜBER THOMAS MÜNZER

Und wir wiegen uns in unsren kleinen Siegen,
uns're roten Hähne krähen wacker.
Wir dachten, wenn die Herrn rasch unterliegen
kommen wir zur Ernte recht auf uns'rer Herren Acker.

Und während die verstreuten Rotten tanzten,
kam ein Pastor auf im Thüringer Land,
der sehr dagegen war, daß wir uns so zerfransten,
der Münzer mit dem Hammer wurde er genannt.

Berausch dich an den kleinen Siegen, Bauer,
und neu beginnt dein alter Jammer,
nur Einigkeit gibt deinem Sieg die Dauer,
sprach der Thomas Münzer mit dem Hammer.

Laßt uns eine neue Ordnung schaffen,
laßt uns die verstreuten Haufen einen,
und gegen Pfaffen, gegen Grafen
den großen Sieg erringen – oder keinen.

(gesprochen)

Ein Gottesreich wollt' er begründen,
in dem alle gleich sein sollten.
und da es keine Armen geben sollte
unter der Regenbogenfahne,
durfte es auch keine Reichen mehr geben.

EIN NEUES REICH, EIN BESSERES REICH

Ein neues Reich, ein besseres Reich
wollen wir uns jetzt erringen,
und einer sei dem anderen gleich,
soll keinen anderen zwingen.

Und nennt uns Doktor Luther auch
die mörderische Rotte,
so folgt er seinem faulen Bauch
und folgt nicht seinem Gotte.

Und trifft uns auch mit Wutgekreisch
der Bannstrahl seines Tadels,
zu Wittenberg, dies sanfte Fleisch,
es leckt den Arsch des Adels.

Denn unser Schöpfer gab uns doch
die ganze Welt zu eigen,
und sprach nicht von Tyrannenjoch,
kein Wort von feigem Schweigen.

Ein neues Lied, ein besseres Lied
soll einst von uns erzählen,
laßt uns bestimmen, was geschieht,
und uns're Führer wählen.

Folgt, Brüder, nun in diesem Streit,
quer durch den alten Jammer,
dem Pastor einer neuen Zeit,
folgt Münzer mit dem Hammer.

»Tausend Haufen sind wir jetzt und schleifen uns're Sensen...«
Willi Resetarits, Christine Jirku, Lukas Resetarits, Beatrix Neundlinger, Günter Großlercher, Pippa Armstrong-Tinsobin im Chor.
(Foto: Walter Swistelnicki.)

LUTHER *(Originalzitat):*
Ein aufrührerischer Mensch ist in Gottes und kaiserlicher Acht, sodaß, wer ihn am schnellsten erwürgen kann und mag, recht wohl daran tut ...
Drum soll hier zuschlagen, würgen, stechen, heimlich und öffentlich, wer nur kann, und daran denken, daß es nichts giftigeres, schädlicheres und teuflischeres geben kann, als einen aufrührerischen Menschen, so wie man einen tollen Hund totschlagen muß ...
Es gilt hier nicht Geduld und Barmherzigkeit. Es ist die Zeit des Schwertes und des Zorns da und nicht die Zeit der Gnade!

MÜNZER *(Originalzitat):*
Dieses sanft lebende Fleisch zu Wittenberg, welches mit verkehrter Weise durch den Diebstahl der Heiligen Schrift die erbärmliche Christenheit also ganz jämmerlich besudelt hat.

KOMMT, IHR TAUSEND HAUFEN

Kommt, ihr tausend Haufen, fechten wir vereint,
wenn wir einzeln raufen, schlägt uns unser Feind.

Laßt euch nicht zersplittern, nicht den Kopf verdrehen,
denn die Herren zittern, wenn wir zusammenstehen.

Laßt euch nicht beschwatzen, daß ihr besser lebt,
sie jagen euch wie Ratzen, wenn ihr Frieden gebt.

Drauf und dran, Bauersmann!
Der Thomas Münzer führt uns an.

(Bericht, gesungen)

Im Mai zu Frankenhausen, da kam's zur großen Schlacht,
da packte uns das Grausen, wir wurden umgebracht.
Sie schossen mit Kanonen, wir schossen mit Gebeten,
da ist das Blut geronnen, da war nichts mehr zu retten.

(gesprochen)

Fünftausend starben dort am Fuß des Kyffhäuser, und bis heute heißt der Hang »Die Blutrinne«. Wir waren zersplittert gewesen und hatten nicht einig gekämpft.
Und die falschen Worte der Einlenker und Friedensstifter, der Gemäßigten, Geduldigen und Kompromißsuchenden waren die tödlichsten Waffen unserer Feinde gewesen – schlimmer als die Kanonen.

*»Es ist die Zeit des Schwertes und des Zorns da
und nicht die Zeit der Gnade...«
Erwin Steinhauer probt den Auftritt des Doktor Luther.
(Foto: Franz Hausner.)*

LEHREN DER BAUERN

Wenn sie uns jetzt brechen in der letzten Schlacht
fall'n wir an den Schwächen, die wir selbst gemacht.

Wir gingen uns beschweren, forderten ein Recht,
sahen sie als Herren, sahen uns als Knecht.

Statt sie abzuschaffen, ihren ganzen Spuk,
schwangen wir die Waffen, doch nicht ernst genug.

Wenn sie uns enthaupten, sterben wir gewiß,
weil wir ihnen glaubten jeden Kompromiß.

Gegen Fürst und Kaiser, fünfmal tausend Mann
starben am Kyffhäuser, Bauern denkt daran.

DIE LIEDER DER ERSTFASSUNG

Wie erwähnt, war die Station »Bauernkriege« ursprünglich viel ausführlicher und ausgeformter. Während das Lied »Des Bauern große Not« die historische Situation aus der Sicht der Bauern schilderte, gab das »Lied des Jakob Fugger« (der in der Inszenierung der Uraufführung als Figur auftrat) Aufschluß über die ökonomischen Gründe der Notlage, durch die Verschuldung des Adels beim aufkommenden Städtebürgertum.

LIED DES JAKOB FUGGER

Fäden überallhin,
Kaiser und Fürsten in Kreide bei mir,
Schiffe auf See,
Beamte in jedem kleinen Fürstentum,
Fugger, Bankhaus zu Augsburg,
alle zwanzig Jahr
verdoppelt sich unser Kapital.

Jeder fürstlichen Durchlaucht,
die es bleiben möchte,
leih' ich, was Durchlaucht so braucht
für die Söldnerknechte.

Woher nähm der feine Herr
Geld für seine Faxen,
wenn da nicht der Bauer wär,
dem die Früchte wachsen.

Packt den Bauern heil'ger Zorn,
aus ist's mit der Ruhe,
denn sein ganzes goldnes Korn
wird Gold in meiner Truhe.

Die Entsprechung der Figur des Jakob Fugger tauchte dann folgerichtig in der Station »Die Revolution der Bürger« in neuer Gestalt – aber sozusagen als Déjà-vu-Erlebnis – wieder auf.

Das »Erntelied« beginnt ganz raffiniert mit einer einladend bukolischen Idylle, mit einem »So könnte es sein«. In seiner Stimmung erinnert dieser Teil sehr an das – etwa zur gleichen Zeit entstandene – Lied »Feiertag«, das Schlußlied auf der ersten deutschsprachigen »Schmetterlinge«-LP »Lieder für's Leben«.

Das Mittelstück leitete die eingestimmten Sinne sanft über zu dem Gedanken des Zusammenschlusses. Der Hauptteil zieht dann den logischen politischen Schluß. Die Parallele zu den tatsächlichen Verhältnissen zur Gegenwart des Jahres 1976 – das Gelände der »Arena« stand als Industrieprojekt vor der Räumung und dem Abbruch – war dem Publikum deutlich klar und wurde keineswegs als historisches Zitat, sondern als politisch aktuell empfunden.

DAS FASS IST VOLL VON JUNGEM WEIN

Das Faß ist voll von jungem Wein,
der Weizen unter Dach,
die Mägde sammeln Früchte ein
und freu'n sich auf danach.
Die Sichel schwang durch den Tag, durch das Feld,
den Sommer lang Schatten lag auf der Welt.
Der Knecht versäuft sein gutes Geld,
der Winter, der wird lang.

Du allein bist wie Wind,
leicht wie ein Blumensamen ist.
Wenn du mit uns zusammen bist,
dann bist du stark.
Du allein bist wie Staub,
schwach wie ein Sack voll Lieder ist.
Wenn du im Kreis der Brüder bist,
dann bist du stark.

Wenn die Knechte streiten, ja das ist den Herren recht.
Schwach sind die Entzweiten, so bleibt Herr und Knecht.
Wenn die Knecht' zusammenstehen, einig wie ein Mann,
ja, das paßt den Herren oben ...
das paßt den Herren aber gar nicht in den Kram.
Herren brauchen Knechte auf dem Weizenfeld,
Knechte keine Herren, als Besitzer dieser Welt.
Die Tomate und die Bohne ...

Die Ernte wächst auch ohne Eigentümer recht.
Früchte und die Felder dem, der sie bestellt.
Fordert eure Rechte, wenn's den Herren auch mißfällt.
Dann erst brechen neue Tage an.

Nach dem Lied »Des Bauern große Not« folgt eine Szene, die Martin Luthers Kanzelpredigten einem kommentierenden Chor samt einem Bauersmann als Chorführer gegenüberstellte. Davon blieben letztlich nur ausgewählte Luther-Zitate, Beispiele für die Arbeitsweise der ständigen Straffung und Verdichtung der Inhalte.

(Martin Luther tritt auf)

BAUER:
Wir waren gerüstet, wir hatten genug
von der Fürsten Willkür, der Pfaffen Betrug,
und hätten doch kaum was angestellt,
es hat uns die Ideologie gefehlt.

CHOR:
Ist der Bauer noch so schlau,
fehlt ihm der geistige Überbau.
Und den macht unser guter
Doktor Martin Luther.

LUTHER:
Ich stieg auf durch meine Wut
auf die römische Pfaffenbrut.
Auf stieg ich zum Reformator
aller Protestanten Vator.

CHOR:
Rührt das Volk sich von der Stelle,
regnet's Intellektuelle.

LUTHER *(von der Kanzel; Originalzitat)*:
Wenn der römischen Pfaffen rasend Wüten einen Fortgang haben sollte, so dünkt mich, es wäre schier kein besserer Rat und Arznei, ihn zu steuern, denn daß die Könige und Fürsten mit Gewalt dazutäten, sich rüsteten und diese schädlichen Leute angriffen und einmal des Spiels ein Ende machten mit Waffen, nicht mit Worten.
So wir Diebe mit Schwert, Mörder mit Strang, Ketzer mit Feuer strafen, warum ergreifen wir nicht viel mehr diese schädlichen Lehrer des

Verderbens, als Päpste, Kardinäle, Bischöfe und das ganze Geschwärm der römischen Sodoma, mit allerlei Waffen und waschen unsere Hände in ihrem Blut?

BAUER:
Potz, das waren Blitze, die die Pfaffen
im ganzen Lande zündend trafen.
Das ist ein wahrer Christensohn,
die Stimme unserer Rebellion.

CHOR:
Jedoch das Volk verstand verkehrt,
es hat nicht richtig hingehört.

LUTHER:
... denn daß die Könige und Fürsten mit Gewalt
     dazutäten,
sich rüsteten und einmal des Spiels ein Ende machten,
mit Waffen, nicht mit Worten!

CHOR:
Und daß einmal das Volk rührt um,
steht nicht im Evangelium?

LUTHER:
... daß die Könige und Fürsten mit Gewalt ...

BAUER:
Viel wicht'ger als diese Lehren
war, daß Luther allen hohen Herren
die Unantastbarkeit entzog.
Nun waren sie antastbar und kriegten's zu spüren
und hatten manche Schlacht zu verlieren.

Hier folgten das »Kampflied der Bauern« und dann »Die zwölf Artikel der Bauern, aufgestellt zu Memmingen«. Danach wurde in der Uraufführung die Luther-Szene fortgesetzt. In der späteren Komprimierung fällt die »Stimme des Bauern« weg, inhaltlich wird sie durch die »Lehren der Bauern« mehr als kompensiert.

LUTHER:
Liebe Bauern, so geht das nicht. Mit Gewalt!
Wie die Heiden. Ich werd' euch den Kopf waschen.

(Originalzitat)
An die Bauernschaft!
Das Evangelium lehrt die Christen auch das Unrecht leiden und dulden und zu Gott in aller Not beten. Ihr aber wollt nicht leiden, sondern die Obrigkeit wie die Heiden nach eurem ungeduldigen Willen zwingen ...

BAUER:
Wir forderten, was wir uns hätten nehmen können.
Und da wir bittend uns an die Herren wenden,
erkennen wir sie weiter als Herren an.

LUTHER:
Ihr rühmt euch, nach dem Evangelium zu leben, das ist nicht wahr. Es ist ja kein Artikel da, der ein einziges Stück von dem Evangelium lehrt, sondern alles zielt darauf, daß ihr euer Leib und Gut freibekommt, und kurz, sie handeln alle von weltlichen, zeitlichen Dingen, daß ihr Gewalt und Gut haben wollt, um nichts Unrechtes zu leiden ...

BAUER:
Wir forderten, was wir uns hätten nehmen können.
Und da wir bittend uns an die Herren wenden,
erkennen wir sie weiter als Herren an.

LUTHER:
»Es soll kein Leibeigener sein, weil Christus uns befreit hat?« Was ist das? Das heißt, christliche Freiheit ganz fleischlich machen. Haben nicht Abraham und andere Patriarchen und Propheten auch Leibeigene gehabt? Drum ist dieser Artikel geradewegs wider das Evangelium und räuberisch; damit nimmt jeder seinen Leib, der eigen geworden ist, seinem Herrn weg. Dieser Artikel will alle Menschen gleich machen und aus dem geistlichen Reich Christi ein weltliches, äußerliches Reich machen, was unmöglich ist!

Mit der in der Folge auftretenden Figur des Götz von Berlichingen wollten wir den Abstieg der ehemals so »edlen Ritter« illustrieren, jener durch Verschuldung beim reich gewordenen Bürgertum zu Landsknechten, ja zu käuflichen »Berufskillern« deklassierten verarmten Landadeligen.
Dieser Aspekt war uns nicht nur deshalb wichtig, weil er die Labilität des Klassengefüges zeigt, sondern auch im Hinblick auf die weitere europäische Geschichte, sprich: die weitere Entwicklung des Kapitalismus. Diese »Ritter ohne Skrupel« trugen ja nicht nur die innereuropäischen Schlächtereien aus, sie stellten

auch jene Abenteurer und blutigen Konquistadoren, die den Rest der alten wie der »neuen« Welt unter die europäische Fuchtel brachten.

GÖTZ *(erscheint mit eiserner Faust):*

LIED DES GÖTZ VON BERLICHINGEN

Götz von Berlichingen bin ich mit der Eisenprothesen.
Ihr kennt mich alle – vom Goethe-Lesen.
Seit die Landsknecht mit der Hakenbüchsen schießen,
können wir Ritter das Leben nimmer genießen.

    Drum schlag' ich mit der Eisenhand.
    Egal wohin, in welchen Stand.
    Und hör' ich einen Landsknechtmarsch,
    denk ich mir ...

Vor ein paar Jahren, als er sich erhoben hat,
zerschlug ich den Bauernaufstand des »Armen Konrad«,
jetzt hau' ich eben im Kampfgetümmel
auf Fürsten statt auf Bauernlümmel.

    Drum schlag' ich mit der Eisenhand.
    Egal wohin, in welchen Stand.
    Und hör' ich einen Landsknechtmarsch,
    dann denk ich mir ...

In der ursprünglichen Inszenierung folgte nun das Zitat eines bekannten zeitgenössischen Kampfliedes, das eher illustrierend wirkte:

BAUER:
Wir sind des Geyers schwarzer Haufen, heia oho,
und wollen mit Tyrannen raufen, heia oho,
Spieß voran, drauf und dran
setzt aufs Klosterdach den roten Hahn.

Später wurde dann nur noch folgender Text – und zwar als Melodram – gesprochen ...

    Florian Geyers schwarzer Haufen pflanzte
    die Bundschuhfahne auf die Zinnen,
    und im Siegestaumel tanzte
    der kleine Mann mit den Marketenderinnen.

»Drum schlag' ich mit der Eisenhand...«
Lukas Resetarits als Götz von Berlichingen.
(Fotograf unbekannt.)

Nun folgten die Szenen und Lieder der Niederlage. In der historisch belegten Figur des Henkers von Kitzingen wurde vor allem gezeigt, wie »Fuggers System« alles durchdrungen hatte. Der Freimann stellte wie ein biederer Handelskaufmann Rechnungen aus ...

LIED DES HENKERS

In Kitzingen standen zu den Bauern die Bürger,
seine fürstlichen Gnaden bestellten den Würger,
den allseits geachteten, freundlichen, witzigen
Meister Augustin, Henker von Kitzingen.
Für Köpfung sowie Augenausstechung
präsentier' ich der Obrigkeit gefälligst die Rechnung.

HENKER *(spricht):*
Also, ein Gulden pro Kopfabschlagen, ein halber
Gulden für Augenausstechen und Fingerabschlagen,
macht bei achtzig Köpfen achtzig Gulden gradaus.
Dazu achtundsechzig Mal Augenausstechen sowie
Fingerabschlagen macht zusammen insgesamt
hundertvierzehn Gulden,
gefälligst.
(Klingeln einer Registrierkassa)

Das Publikum hatte sich in dieser Situation emotionell mit den aufständischen Bauern identifiziert, so mußte es nun mit den Geschlagenen auch deren blutige Niederlage teilen. Wenn kecke Junker nun ein höhnendes Lied direkt ins Publikum sangen, war das ein legaler dramaturgischer Kniff, mit dem die »Parteilichkeit der Gefühle« für die folgenden Stationen ein für allemal klargestellt wurde.

LIED DER JUNKER

Du gingst durch alle Grenzen
und kamst mit Macht und Sensen
an unsre schwache Mauer.
Die Schatztruh' und die Macht im Land
waren schon fast in deiner Hand,
du tölpelhafter Bauer.

Du standest hunderttausendfach,
der König stand bereits im Schach,
die Ritter waren sauer.
Jedoch zum Glück fielst du uns rein,
auf gute Wort' und Redereien,
du tölpelhafter Bauer.

Du warst so fromm und gingst nicht mit,
und tatest nit den letzten Schritt
durch unsre schwache Mauer.
Da haben wir deine Macht zerstreut,
das hat dich später sehr gereut,
du tölpelhafter Bauer.

Zerstreut dein Heer, da warst du schwach,
da warfen wir dir Schwerter nach,
da kam die große Trauer.
Wir haben ihn auf's Blut gequält,
auf daß er lange stille hält,
der tölpelhafte Bauer.

Alle diese Lieder und Texte mußten der Straffung und Komprimierung weichen, auch dem grundsätzlich richtigen Prinzip, daß das Streichen zumindest so wichtig ist wie das Hinschreiben. Dennoch sind sie in diesem Buch am Platz, weil sie wesentliche Aspekte beleuchten, die in der komprimierten Form nicht mehr wahrgenommen werden konnten.

DIE BAUERNKRIEGE ENDEN NIE

Während der Herstellung der »Proletenpassion« lag in unserem Geschichtsverständnis die Zeit der Bauernkriege weit hinten im finstersten Mittelalter, gerade noch so weit erkennbar, um aus groben Parallelen undeutliche Erkenntnisse zu gewinnen. Doch schon die ersten Reaktionen des Publikums bei den Voraufführungen – etwa beim Lied von den »Lehren der Bauern« – bewiesen den höchst aktuellen Charakter der beschworenen Bilder und Aussagen.

In der weiteren Folge merkten die »Schmetterlinge« und auch ich, daß wir von der Thematik im weitesten Sinn nicht mehr loskamen. Der Bauer blieb ein grundlegender Archetyp von entscheidender Bedeutung in jedem Themenkreis, den wir anpackten. Und die »Bauernkriege« gingen weiter, wie zahlreiche spätere Texte beweisen.

Ein Lied, das ganz gewiß im Umfeld dieser Station seinen Platz gefunden hätte, wäre es nicht erst Jahre später entstanden, war eine Ballade, die ich in ein Theaterstück[2] eingebaut hatte...

VOM LANGEN TAG DES HOLZKNECHTS

Und als er ging frühmorgens
zum Schlägern in den Schlag,
da winkte ihm sein junges Weib
vorm Haus noch lange nach.
Das wird ein langer Tag,
ein langer Tag.

Und als er kam am Abend,
fühlte er sich alt und steif.
Da wartete am Gartenzaun
auf ihn ein altes Weib.
Das war ein langer Tag,
ein langer Tag.

Er selber war gealtert
und schleppte sich daher,
wie wenn er neunzig Jahre

schon auf den Krücken wär'.
Das war ein langer Tag,
ein langer Tag.

Geschmissen auf die Erden
er hingebrochen lag.
Sein Leben war vergangen
so wie ein langer Tag.
So wie ein langer Tag,
ein langer Tag.

Es gab aber immer auch genug Gelegenheiten, um aktuelle Probleme der Bauern von heute zu formulieren. Zum Beispiel: In der Produktion »Die letzte Welt«[3], die in vieler Hinsicht als Fortführung und eigentliche Ergänzung der »Proletenpassion« gelten kann, trat in einer heiteren Sequenz Georg »Schurli« Herrnstadt als Bauer samt komischer Kuh auf, um die europäische Überproduktion – Butterberg, Schweineberg und Milchsee – im Gegensatz zu den Hungerproblemen in den Entwicklungsländern zu brandmarken.
Und als in der Bundesrepublik Deutschland im Laufe der heftigen Auseinandersetzung um den »Schnellen Brüter« bei Kalkar ein dort ansässiger biederer Bauer sich nicht vor der Obrigkeit beugte, sondern gegen sie ankämpfte und dadurch zu einer Symbolfigur der modernen Machtlosen wurde, da schien es fast, als fände eine direkte Fortsetzung des alten Konfliktes statt, der einst mit dem resignativ-hoffnungsvollen Lied »Geschlagen ziehen wir nach Haus, / uns're Enkel fechten's besser aus...« geendet hatte.
Unser Lied über den Bauern Maas war eine verknappte Zusammenfassung komplexer Vorgänge und Zusammenhänge und dementsprechend viel umfangreicher geworden, als es den Hörgewohnheiten auf dem Pop-Song-Sektor entsprach. Dennoch wurde das Lied in Deutschland ziemlich populär und bei vielen Anti-AKW-Demonstrationen gesungen...

HÄNDE ÜBER HÖNNEPEL

1
Hinunter ins Flache rudert der Rhein,
nicht rot vor Scham, nicht blaßblau vor Vergnügen.
Nur harte Arbeit läßt die Saat gedeihn,
wo klein und fleißig die Gehöfte liegen.
Schäfchenwolken weiden weiß auf Nebel von der Ruhr,
und sonntags tönt ein Knabenchor subtil durch die Natur:

»Du lieber Gott, laß mich zufrieden grasen,
laß mich den stillsten deiner Hasen sein,
am Rübennachmittag im Krautgärtlein,
eh' deine Engel zum Halali blasen.«

Und während der Landmann schaut über's Land,
und sitzt vorm Haus, und nuckelt an der Pfeifen,
liegt über'm Acker eine dunkle Hand,
ist groß und gierig, will sich alles greifen.
Ja, es haben schnell erkannt die Herren der Industrie,
daß sich noch mehr verdienen läßt mit Kernkraftenergie.

Da klopfen Agenten leis' an die Tür
und sagen: »Mann! Was soll denn dein Geracker?
Dein Glück, denn gute Preise zahl'n wir dir,
gib' klein bei und gib' uns deinen Acker.«
Mancher ließ sich darauf ein, der hat sich wohl gedacht:
wo Geld wohnt, hier im deutschen Land, dort ballt sich
 auch die Macht.

    Hände über Hönnepel, Hände überm Land.
    Wessen Hände halten hier alles in der Hand?
    Deine Hände sind es nicht, die sind von Arbeit rauh,
    die halten hier die Zügel nicht, das weißt du ganz
      genau.
    Wer greift nach dir und deinem Land, das du so hart
      bebaust?
    — Heb' deine Arbeitshand und balle sie zur Faust!

2
Dann kommen sie auch noch um Kirchengrund
und bieten viel, und keine Hosenknöpfe.
Hochwürden haben ein Grinsen im Mund,
doch der Kirchenrat schüttelt die Köpfe
und will den Brutreaktor nicht und warnt das Volk davor.
Sonntags, eh' der Pfarrer spricht, klingt süß ein
 Kirchenchor:
    »Du lieber Gott, laß mich zufrieden grasen,
    laß mich den stillsten deiner Hasen sein,
    am Rübennachmittag im Krautgärtlein,
    eh' deine Engel zum Halali blasen.«

Es wechselt der Bischof den Kirchenrat aus,
der nein gesagt, und holt sich Männer, die brav nicken.
Die entlass'nen Gegner des Reaktorbaus

unterstehn sich, einen Brief dem Papst zu schicken.
Die Post aus Rom bleibt lange aus, man fragt, wo sie denn sei,
und findet später, sie verstaubt in einer Sakristei.

Bei den Enttäuschten ist auch Bauer Maas,
ein guter Christ von tugendhaften Gaben,
und sieht er Unrecht, packt ihn heil'ger Haß,
auch will er kein Uran als Nachbar haben.
Drum steht er auf, der Bauer Maas, und donnert wie Gewitter:
»Dies soll ein Land für Menschen sein, und nicht für schnelle Brüter!«

    Hände über Hönnepel, Hände überm Land.
    Wessen Hände halten hier alles in der Hand?
    Deine Hände sind es nicht, die sind von Arbeit rauh,
    die halten hier die Zügel nicht, das weißt du ganz genau.
    Wer greift nach dir und deinem Land, das du so hart bebaust?
    – Heb' deine Arbeitshand und balle sie zur Faust!

3
Und seit der Bauer sich nicht ducken ließ,
erlebt er viel an kleinen Schicksalschlägen.
Und nette Herren kommen überdies,
und wollen ihn zur Aufgabe bewegen.
Sie schlagen ihm mit sanftem Ton geheime Treffen vor,
und säuseln, kommen sie ihm nah, ihm folgendes ins Ohr:
»Du lieber Gott, laß mich zufrieden grasen,
laß mich den stillsten deiner Hasen sein,
am Rübennachmittag im Krautgärtlein,
eh' deine Engel zum Halali blasen.«

Der streitbare Bauer durchschaut den Tanz,
blickt er den Bau dort neben seinem Feld an,
dann sieht er die Wahrheit: die Allianz
von Kirche, von Staat und von Geldmann.
Jetzt kämpft er gegen das Monopol, führt Revisionsprozeß,
geht mit dem Unrecht ins Gericht – und anderswo zur Meß.

Doch ist er kein Kohlhaas, kämpft nicht allein,
an seiner Seit' waren letztens fünfzigtausend,
und nicht nur bei Kalkar am Niederrhein
erheben sich Volks-Chöre brausend:
»Sie haben uns noch nie gefragt, doch Antwort kriegen
  sie!
Wir kämpfen gegen das Kapital und für Demokratie!«

    Hände über Hönnepel, Hände überm Land.
    Wessen Hände halten hier alles in der Hand?
    Deine Hände sind es nicht, die sind von Arbeit rauh,
    die halten hier die Zügel nicht, das weißt du ganz
      genau.
    Wir weichen hier nicht mehr zurück,
    sie wissen es nur zu gut,
    bis unser eigenes Geschick
    in eignen Händen ruht.

In vieler Hinsicht haben heute die Unterschichten der industriell nicht oder zu wenig entwickelten Länder jene gesellschaftlichen Rollen übernommen, die in der europäischen Geschichte zuerst die unterdrückten Bauern und dann, mit der Industrialisierung, die Proletarier innehatten.

Und so wie in den Entwicklungsländern der sogenannten »Dritten Welt« eine dünne Oberschicht als Statthalter durchaus auf dem Lebensniveau der »Ersten Welt« lebt, vegetieren in den hochentwickelten, reichen Industriestaaten der Welt »ausgegrenzte« Teile der Bevölkerung unterhalb der Armutsgrenze, also durchaus der »Dritten Welt« vergleichbar.

Aus dieser globalen Perspektive sieht also nicht nur der Begriff »Proletariat« ganz zeitgenössisch aus, aus dieser Perspektive enden auch die Bauernkriege nicht dort, wo die entsprechende Station der »Proletenpassion« aufhört. Gültige Beispiele der weiteren Arbeit mit dieser Thematik sind mehrere Lieder aus dem Programm »Die letzte Welt«[4], von denen stellvertretend ein Lied zitiert sei, das einen Zustandsbericht nach einer Reportage in der Illustrierten »Stern« gibt ...

KETCHUP AUS MEXIKO

    Aus dem Süden, aus der Dürre
    zieh'n zweihunderttausend Schatten,
    ziehen sie in vielen Reihen,

Schatten ziehen in die Irre,
zu den grünen, zu den satten,
halbwegs satten Ländereien,
jedes Jahr zur Erntezeit.

Für die Ernte braucht es Hände,
und die müssen billig sein.
Don Alejandro, großer Landherr,
du hast Felder ohne Ende,
hast Arbeit auf den Ländereí'n.
Keine Last ist uns zu schwer,
und genügsam sind wir auch.

    Und was wird dann aus den prallen,
    leuchtend roten Kugeln allen?
    Ketchup!
    Was wird aus allen, die sie pflücken,
    die Ernte schleppen auf dem Rücken?
    Ketchup! Ketchup! Ketchup!

Don Alejandro hat Tomaten,
hat Tomaten ohne Zahl
auf dem Land, das er besitzt,
die werden Ketchup für die Staaten,
Uncle Sammies Mittagsmahl,
und da wird viel Gift gespritzt,
daß die Ernte auch gelingt.

Aus den Fliegern regnet Gift,
überall wird es versprüht,
auf die Hütten, auf die Saat,
da ist nichts, das es nicht trifft,
und man trinkt's im Wasser mit,
giftiges Organphosphat,
aus Deutschland angeliefert.

    Und was wird dann aus den prallen,
    leuchtend roten Kugeln allen?
    Ketchup!
    Was wird aus allen, die sie pflücken,
    die Ernte schleppen auf dem Rücken?
    Ketchup! Ketchup! Ketchup!

Überall im Wellblechschatten
siehst du kranke Kinder liegen,
und die Mütter werden fahl.
Unter reifenden Tomaten
fallen Männer um wie Fliegen,
und das Gift ist überall,
und die Ärzte – müssen schweigen.

Wieviel tausend sind gesunken
in die Erde, sie zu düngen.
Doch zur nächsten Erntezeit
siehst du wieder hoffnungstrunken
Schatten, die nach Norden dringen,
tausend neue sind bereit.
Es gibt mehr Hände als Tomaten.

> Und was wird dann aus den prallen,
> leuchtend roten Kugeln allen?
> Ketchup!
> Was wird aus allen, die sie pflücken,
> die Ernte schleppen auf dem Rücken?
> Ketchup! Ketchup! Ketchup!

Korrespondierend dazu der Bericht über eine Dürre im Norden Indiens, der auch aus der Sahelzone oder aus Äthiopien stammen könnte. Ein Bericht in Form eines unvertonten Gedichts[3], bei dem die Parallelen etwa zu »Des Bauern große Not« auffallen.

IN DER GROSSEN EBENE

Der Regen blieb aus, da riefen sie tausend Götter an, die tausendmal dazu schwiegen – nur der Sonnengott strahlte.
Die Landbesitzer verzweifelten, sie lebten vom Land, und nun blieb die Ernte aus.

Die Landarbeiter verzweifelten, sie lebten von der
Erntearbeit, und nun blieb die Arbeit aus.
Bleibt aber die Arbeit aus, bedeutet das für die Tagelöhner:
selbst wenn es noch Essen gäbe, könnten sie sich kein's
mehr leisten.
Auf den Rippen der mageren Wasserbüffel spielte die
Sonne Tabla.
So waren die Not und die Angst in die große Ebene
gekommen.

Der Regen, Kind,
ist nicht gesinnt,
nicht böse und nicht gut.
Daß die einen in der Dürre sind
und die anderen in der Flut,
kommt nicht vom Regen,
kommt nicht vom Wind,
das kommt nicht vom Himmel geronnen ...

Die seichten Brunnen der Armen trockneten aus,
da hatten sie den leeren Krug zur leeren Schüssel.
Auch die tieferen Brunnen der Landbesitzer gaben wenig,
doch fromm, wie sie waren, nahmen sie nur fünfzig Paisa
für den Kübel Wasser.
Da gruben die Taglöhner versteckte Münzen aus
heimlichen Löchern,
und als sie die letzten davon zu Wasser gewechselt, da
durften sie anschreiben lassen.
Es gab also noch Güte und Menschlichkeit in der großen
Ebene.
Der Tod war nicht allzu mächtig, wer nicht starb, lebte
weiter.

Der Regen, Kind,
ist nicht gesinnt,
nicht böse und nicht gut.
Daß die einen in der Dürre sind
und die andern in der Flut,
kommt nicht vom Regen,
kommt nicht vom Wind,
das kommt nicht vom Himmel geronnen ...

Schon war die Zeit der ersten Ernte vorbei, die Erde wie
gebrannter Ton,
da regnete es ein wenig, wie zum Scherz, zu spät für die
Frucht, doch zurecht für den Durst.
In den Dörfern warten nun Arm und Reich auf den
nächsten Monsun,
auf die zweite Ernte. Hoffnung und Flöten. Es gibt Kinder,
die lachen.
Die Armen werden ihre Schulden abarbeiten und kein
Geld für den Reis haben,
doch die frommen Landbesitzer haben versprochen, ihnen
den Reis zu borgen.

So ist die Welt wieder in Ordnung gekommen in der
großen Ebene.
Man veranstaltet Feste, den schweigenden Göttern zu
danken.

> Der Regen, Kind,
> ist nicht gesinnt,
> nicht böse und nicht gut.
> Daß die einen in der Dürre sind
> und die andern in der Flut,
> kommt nicht vom Regen,
> kommt nicht vom Wind,
> das kommt nicht vom Himmel geronnen ...

Und ein sehr einprägsames weiteres Lied[5] faßt die eigentliche politische Dimension des Machtfaktors Nahrung zusammen – zu dem 1974 der damalige US-Landwirtschaftsminister Earl Butz bemerkte: »Hungrige hören nur auf die, die ein Stück Brot haben!«

GOLDNER WEIZEN

Der Wind streicht durch das Weizenfeld,
und doch ist Hunger in der Welt.
Mit Weizen läßt sich gut regieren,
mit Weizen kann man Kriege führen.
In Chile war der Weizen rar,
solang es demokratisch war.
Allende war für's Brot zu rot.
Goldner Weizen –
      weißes Mehl –
           blondes Brot.

Und als am Nil noch Weizen stand,
da war dort gutes Ackerland.
Geschenkter Weizen wurde eingeführt,
das hat die Bauern schnell ruiniert.
Und Baumwolle wächst heute dort,
das Land braucht Geld aus dem Export,
und dafür kauft es – Weizenschrot.
Goldner Weizen –
      weißes Mehl –
           blondes Brot.

Der Wind, der durch den Weizen pfeift,
weiß, daß da mehr als Weizen reift.
Börsenkurse, Weltmarktpreise
wachsen hier und Macht und Mäuse,
hier wächst auf fetten Bodenfalten
fremder Länder Wohlverhalten,
wachsen Krieg und Hungersnot.
Goldner Weizen –
        weißes Mehl –
                blondes Brot.

Eine Überlegung, die wir während der Arbeit an dieser Station zwar angestellt, aber nicht formuliert hatten, war die Frage, ob die grausame und brutale Niederschlagung der Bauernaufstände und die dann folgende jahrhundertelange Unfreiheit der Bauern vielleicht Anteil an der Herausbildung eines besonders fügsamen, obrigkeitshörigen, verängstigten Untertanen – also des archetypischen Untertanen schlechthin – gehabt hatten.

Eine mögliche Antwort darauf läßt sich vielleicht denken, aber nicht singen. Man könnte sogar weiter gehen und die Herausbildung des »typischen Untertanen« im Verhalten des Kleinbürgertums, in den nationalistischen Grundmustern des neunzehnten Jahrhunderts und somit im Aufkommen des Faschismus im zwanzigsten Jahrhundert wiedererkennen. So könnte man einen großen Bogen von der ersten historischen Station der »Proletenpassion« zu ihrer letzten schlagen.

III
DIE REVOLUTION DER BÜRGER

Allegorie auf die revolutionäre Hymne »Die Marseillaise« von Gustave Doré.

DANTON UND MESSENHAUSER
89

DIE AKTUELLEN TEXTE
91

URFASSUNG: STREIT UM DEN KLEINEN MANN
100

WEITERFÜHRENDE TEXTE
109

DANTON UND MESSENHAUSER

In dieser Station hatten wir nicht etwa nur die Französische Revolution zu beschreiben, oder die Folgen der Aufklärung im feudal-reaktionären »Völkerkerker« Österreichs, analog zu den auf andere Weise bedrückenden Verhältnissen in den verschiedenen deutschen Staaten. Unsere wichtigste Mitteilung war, daß das tradierte »herrschende« Geschichtsbild schlicht und einfach den Anteil der proletarischen Klasse an der bürgerlichen Revolution unterschlägt, wohl auch um die der Restauration eigene Unterdrückung dieser Klasse[1] unterschlagen zu können.

Karl Marx hatte in der »Rheinischen Zeitung« nach der Niederschlagung der Wiener Revolution »über die Bourgeoisie und die Konterrevolution« die Rolle des Bürgertums so dargestellt:

...nicht die Interessen einer neuen Gesellschaft gegen eine alte, sondern erneute Interessen innerhalb einer veralteten Gesellschaft vertretend; nicht an dem Steuerruder der Revolution, weil das Volk hinter ihr stand, sondern weil das Volk sie vor sich herdrängte; nicht an der Spitze, weil sie die Initiative einer neuen, sondern nur weil sie die Ranküne einer alten Gesellschaftsepoche vertrat...[2]

Unsere Recherchen ergaben ein womöglich noch weitergehendes Bild, denn das Großbürgertum hatte noch bei jeder bürgerlichen Revolution eher die unteren Schichten vor sich hergeschoben, jedenfalls solange geschossen wurde... Verblüffend für uns – die wir in der Schule im Geschichtsunterricht ganz anderes gehört hatten – war das Ausmaß der Umkehrung, wenn man etwa bedenkt, daß Metternich keineswegs vor den pathetischen Petitionen, die ein bürgerlicher Dichter in der Herrengasse von einem Schimmel herab deklamierte, nach London floh, sondern vielmehr vor dem »Flammenschein der Vorstädte«[3].

Dem Vormärz und dem Biedermeier ist vieles an der spezifischen Ausformung österreichischer Kultur zu verdanken, denn das Doppelbödige der Dichtung und der Sprache – Signalement österreichischer Literatur – entstand unter dem Druck der Zensoren Metternichs, der einen »eisernen Vorhang« gegen die heranbrandenden Ideen der Aufklärung und die Auswirkungen der Französischen Revolution herabließ. Diese tristen Verhältnisse verhinderten in Österreich die Herausbildung eines Pendants zu den Quälgeistern unserer Deutschstunden, den deutschen Klassikern.

Bei unseren Recherchen hatten wir als einen der wesentlichen und auffälligsten Unterschiede zwischen der Französischen und den folgenden Revolutionen herausgefunden, daß die beteiligten Fraktionen später nicht mehr durch »Köpfe« und »Vordenker« darstellbar waren. Weder in Wien noch in Frankfurt oder sonstwo waren ein Robbespierre, ein Danton, ein Marat auszumachen. Das Großbürgertum und die Mittelklassen waren in ihren Zielen eher amöbenartig und schwer eingrenzbar, und die Unterschichten waren noch unorganisiert. Das »Kommunistische Manifest« war eben erst erschienen und noch nicht ins Deutsche übersetzt.

Als Wien von den kaiserlichen Truppen des Fürsten Windischgraetz umzingelt wurde, saß der Führer der Nationalgarde, Cäsar Wenzel Messenhauser, im Türmerstübchen des Stephansdoms und diskutierte literarische Probleme...

Und eigenartig, viele Faktoren während der Arenabesetzung 1976 – etwa ein gewisses Pathos wie auch ein gewisses Chaos, dazu noch die Illusion, eine unhaltbare Stellung allein mit idealistischen Vorstellungen verteidigen zu können – wirkten wie eine Wiederholung der Wiener Situation von 1848...

DIE AKTUELLEN TEXTE

Dem Begleitheft der Plattenkassette war – sicher ist sicher – eine informative Kurzinformation vorangestellt worden:

Die Französische Revolution (1789-1792) war nicht die erste bürgerliche Revolution, aber die erste, in der die fortschrittlichen Bürger bewußt für gesellschaftliche Veränderungen kämpften. In ihrem Verlauf lassen sich Strukturen erkennen, die sich in allen späteren bürgerlichen Revolutionen wiederfinden.
Die verrottete Feudalordnung hat Frankreich hoch verschuldet und den wirtschaftlichen Aufschwung der Bourgeoisie gehemmt. Das Volk hungert, der Adel schwelgt in ungeheurem Luxus.
In einer Art Kettenreaktion folgen einander Schlüsselereignisse: der 3. Stand der Bürger fordert Abstimmung nach Köpfen statt nach Ständen, also eine Vorform des bürgerlichen Wahlrechts. In ganz Frankreich Bauernerhebungen. Schließlich der Sturm auf die Bastille: Die Revolution siegt; Emigrationswelle des Adels. Abschaffung der Feudalordnung, Bauernbefreiung, Erklärung der Menschenrechte. Schließlich die Verkündung der neuen Verfassung, die zum Vorbild aller bürgerlichen Verfassungen Europas wird.
Der weitere Verlauf ist geprägt von Machtkämpfen bürgerlicher Fraktionen, hinter denen verschiedene Schichten des Bürgertums stehen.
In den großen reaktionären Feudalsystemen Europas, in Rußland, Preußen, Österreich, werden die Einflüsse der Aufklärung und der Französischen Revolution durch Unterdrückung, Zensur und Polizeispitzelsysteme möglichst abgeschirmt. Dennoch kommt es immer wieder zu Unruhen und — rund fünfzig Jahre nach der Französischen – zur bürgerlichen Revolution in Österreich und Deutschland, wodurch das Bürgertum die politischen Bedingungen seiner wirtschaftlichen Weiterentwicklung schafft. Tragender Faktor der Kämpfe ist das Proletariat, das sich erstmals als politische Kraft erweist.

Die Station wurde mit dem folgenden Lied eröffnet, das die wirtschaftlichen Gründe, die geradezu zwangsläufig zu einer revolutionären Situation führen mußten, darstellt. Mehrere Kapitel dicker Wälzer wurden hier zu wenigen Liedstrophen umgeschmolzen...

MÄCHTELMÖCHTEL

Ich bin der Mächtelmöchtel
und möchte an die Macht
und mache Techtelmechtel,
bis ich's soweit gebracht.

Ich bau mir Eisenbahnen,
und glühend fließt mein Stahl,
ich bin dabei, zu planen
die Wirtschaft ganz global.

Ich habe schöne Schiffe,
die fahren übers Meer,
die fürchten keine Riffe,
und niemals sind sie leer.

Ich habe Kolonien,
die Menschen und das Land,
lass' aus dem Boden ziehen,
was immer sich dort fand.

Und bring's in meine Werke
und mache daraus Waren,
Profit ist meine Stärke,
wenn sie zum Markte fahren,

Doch große Transaktionen
tun sich nicht richtig lohnen.
Herrschen Fürsten und Kaiser,
verdient man keine Häuser.

Feudale Prachterhaltung
hemmt meine Machtentfaltung.
Das Recht, nach dem wir dürsten,
vermasseln uns die Fürsten.

Die kleinen Potentaten
halten sich Ministaaten,
und mit den vielen Landeln
läßt sich nicht richtig handeln.

Und es sind die Zölle
für mich die reinste Hölle,
die vielen kleinen Steuern
Exporte sehr verteuern.

Ich kleb' im Spinnennetze
der alten Zunftgesetze,
die sind der reinste Hohn
für freie Produktion.

Drum: Im Sinn' des Handels
bedarf es eines Wandels.
Im Falle eines Falles
manag' ich eben alles.

Und auf des Fortschritts Schwingen
schwing ich mich endlich auf,
das Alte zu bezwingen,
eh' ich das Neue kauf.

Ich bin der Mächtelmöchtel,
und ich verrat euch was,
ich mache Techtelmechtel,
denn Macht macht mächtig Spaß.

BÜRGER:
Die Situation ist klar, die Zeit ist reif,
weshalb ich in die Zügel greif',
doch brauche ich, ich sag's, wie's ist,
ein ideologisches Gerüst.
Das bringt mir Richtung in die Gärung –
die Philosophie der Aufklärung.

PHILOSOPH *(gesprochen):*
Angesichts der Entwicklung aller Naturwissenschaften,
der neuen Erkenntnisse und Erfindungen sowie auch
angesichts des wachsenden Selbstbewußtseins der Bürger
lassen sich bestimmte Dogmen
- also unbewiesene Behauptungen –
nicht mehr länger aufrechterhalten,
auf die sich die Herrscher bisher stützten,
etwa daß diese, ihre alte Welt
gottgewollt und die beste aller Welten sei...

(gesungen)

Ich lieferte den Überbau
und die Ideale:
Freiheit, Gleichheit, Brüderlichkeit,
das ganze Liberale.

(gesprochen)

Gleichheit rot, Freiheit weiß,
blau die Brüderlichkeit, das ist die Tricolor!

PROLETARIER:
Was ist eigentlich Freiheit?

PHILOSOPH:
Die Freiheit ist ... weiß!

PROLETARIER:
Wer möglichst viele Möglichkeiten hat,
dessen Freiheit ist es.
Hat der Arbeiter möglichst viele Möglichkeiten,
ist es die Freiheit des Arbeiters.
Hat das Kapital möglichst viele Möglichkeiten,
ist es die Freiheit des Kapitalisten.
Schau um dich, wer möglichst viele Möglichkeiten hat,
und du weißt, wessen Freiheit das ist.

DIE GROSSE ZEIT, DIE DA BEGANN

Die große Zeit, die da begann,
begann mit großer Not,
wie ein Elefantenzahn,
so teuer ist das Brot,
ein Bettler jeder zehnte in Paris,
der Brotpreis ist am höchsten,
da wird die Wut am größten,
da schmeckt die Rache süß.

Da brechen große Zeiten an
für den kleinen Mann und den großen Mann.
Der große Mann hat große Interessen,
der kleine Mann will was zu essen,
der kleine Mann will sich befrei'n,
und große Zeiten brechen über ihn herein.

MARIANNE

Auf den Markt ging Marianne
mit der Tasche und der Kanne,

kann nichts kaufen, kann nur suchen,
denn die hohen Preise können
nur die reichen Bürger brennen
für das Brot und für den Kuchen.

Marianne kann gut kochen,
Suppen aus Karnickelknochen,
doch auch Knochen gibts nicht hier.
Und sie hat im Ohr die Kleinen,
wie sie nachts vor Hunger weinen,
und da plötzlich reicht es ihr.

Frauen, packt die Pflastersteine,
macht den fetten Ärschen Beine,
haut sie und gebt kein Pardon!
Und so wurde auf der Stell'
die brisante Mademoiselle
zum Symbol der Revolution.

(gesprochen)

Am 14. Juli 1789 erobert das Volk die Bastille, das gehaßte
Machtsymbol des Absolutismus. 100 Tote, 662 Überlebende.
Die Sieger der Bastille waren 412 Handwerker und Gesellen,
150 Lohnarbeiter, 80 Soldaten, aber nur 20 Bürgerliche, nämlich 9 Ladenbesitzer, 8 Kaufleute und 3 Fabriksbesitzer.

LIED VON DER LETZTEN SCHLACHT

Den alten Mächten ist der Zahn gezogen,
das Bürgertum hat sie zurechtgebogen.
Doch was war mit der neuen Gefahr, die da entstand:
Das Volk, es hielt die Waffen in der Hand!

Er kämpfte an des Bürgers Seit'
und scheute keinen Schuß,
und nach der Barrikadenzeit
stand er Gewehr bei Fuß.

> Der kleine Mann hat umgerührt,
> hat alles mitgemacht,
> doch jetzt wird gegen ihn geführt
> die allerletzte Schlacht.

Ganz vorn stand er im Pulverdampf,
wo ihn die Kugeln trafen.
Doch in dem allerletzten Kampf,
da geht's um seine Waffen.

Und er kam viel zu häufig vor,
wie eine eigne Klasse,
da spuckte das Kanonenrohr
den Tod in diese Masse.

Der Bürger hat Radau gemacht,
was viele sehr entsetzte.
Doch immer nach der letzten Schlacht
gab's eine allerletzte.

> Der kleine Mann hat umgerührt,
> hat alles mitgemacht,
> doch jetzt wird gegen ihn geführt
> die allerletzte Schlacht.

Und die Moral von der Geschichte
ist eine Wahrheit, eine schlichte:
Nur das Bündnis mit der Reaktion
rettet des Bürgers Situation.

Franz Josef, dem nichts erspart blieb,
Fürst Bismarck, der immer hart blieb,
der erste, zweite, dritte Napoleon
folgten der Bürgerrevolution.

> Der kleine Mann hat umgerührt,
> hat alles mitgemacht,
> doch jetzt wird gegen ihn geführt
> die allerletzte Schlacht.

Und lang hing dem geplagten Volke
vor der Sonn' die schwarze Wolke.

BALLADE VOM GLÜCK UND ENDE DES KAPITALS

Und als die letzte Schlacht geschlagen war
und die Staubwolken sich hoben,
sah man deutlich, daß der Bourgeois
der wirkliche Gewinner war,
hops – jetzt war er oben.

Und als der Feudalismus eingesargt,
was den Großhandel sehr freute,
sah der Bürger: jetzt bin ich erstarkt
und brauch' Waren für den freien Markt,
hops – jetzt brauch' ich Leute.

   Nicht ein Paar und nicht ein Dutzend,
   alle Reservoire nutzend,
   und ich halt sie bei der Stange
   vorderhand, wer weiß wie lange,
   immer mit dem einen Ziele:
   Ich brauch' viele, viele, viele.

Und weil der Fortschritt sich beeilt hat,
als wär' er in den Arsch getreten,
und der Fabrikant sich dran begeilt hat,
ist er hungrig, wenn auch speisatt:
rülps – noch mehr Proleten.

Und immer mehr ziehen in die Stadt,
und noch mehr Dörfer bleiben verlassen,
in den Fabriken treiben sie das Rad,
und fällt der Absatz einmal: schad,
hops – sie sind entlassen.

   Staut sich's in den Lagerhallen,
   will ich keine Löhne zahlen,
   bis die Krise dann vorbei ist,
   weil der Weltmarkt ja so frei ist.
   Und im Werkel dieser Mühle
   drehn sich viele, viele, viele.

Wenn die Aktie steigt im scharfen Wind,
und man kann daran verdienen,
schuftet der Mann, die Frau, das Kind,
die Tage sechzehn Stunden sind,
hops – da ist was drinnen.

Und die Proleten werden immer mehr,
und es ballt sich eine Masse,
man sieht deutlich, daß sich ungefähr
angesammelt hat ein Riesenheer,
hops – wir sind 'ne Klasse.

Ungeduldig ballt die dreiste
Masse ihre vielen Fäuste.
»Scheiße«, ruft der Arbeitgeber:
»Ich seh' meine Totengräber!
Johann, meine Stärkungspille,
es sind viele, viele, viele.«

Beschlossen wurde diese Station – sowohl in der aktuellen Fassung wie auch in der ursprünglichen der Uraufführung – durch die eindrucksvolle Vertonung von Heinrich Heines »Die schlesischen Weber« als erstes neuzeitliches Zeugnis einer proletarischen Erhebung.

So ehrenvoll dieser Co-Autor auch war, die Komponisten waren hier mit derartigem Ehrgeiz am Werk, daß ein wohlmeinender Kritiker[4] meinte, mich trösten zu müssen:

...daß die meisten Songs ganz ausgezeichnet sind in ihrer zu gesungenen Bildern verknappten Aussage. Manche könnten durchaus Hits werden. Unger wird es auch verschmerzen, daß gerade das beste Lied nicht von ihm ist: Heines Gedicht von den Webern – und von den Schmetterlingen auch noch optimal vertont...

DIE SCHLESISCHEN WEBER

Im düstern Auge keine Träne,
Sie sitzen am Webstuhl und fletschen die Zähne:
»Deutschland, wir weben dein Leichentuch,
Wir weben hinein den dreifachen Fluch —
Wir weben, wir weben!

Ein Fluch dem Gott, zu dem wir gebeten
In Winterskälte und Hungersnöten;
Wir haben vergebens gehofft und geharrt,
Er hat uns geäfft und gefoppt und genarrt —
Wir weben, wir weben!

Ein Fluch dem König, dem König der Reichen,
Den unser Elend nicht konnte erweichen,
Der den letzten Groschen von uns erpreßt
Und uns wie Hunde erschießen läßt —
Wir weben, wir weben!

Ein Fluch dem falschen Vaterlande,
Wo nur gedeihen Schmach und Schande,
Wo jede Blume früh geknickt,
Wo Fäulnis und Moder den Wurm erquickt —
Wir weben, wir weben!

Das Schiffchen fliegt, der Webstuhl kracht,
Wir weben emsig Tag und Nacht —
Altdeutschland, wir weben dein Leichentuch,
Wir weben hinein den dreifachen Fluch,
Wir weben und weben!«

*»Unger wird es verschmerzen, daß gerade das beste Lied
nicht von ihm ist...«*

URFASSUNG:
STREIT UM DEN KLEINEN MANN

In opulente Bilder setzte Dieter Haspel die »Opernparodie« um, die gerade jenes bürgerliche Pathos als Formmaterial verwendet, das sich vom Triumph des Großbürgertums über die Niederschlagung der jakobinischen Elemente der Revolution bis zum Triumph der Industrialisierung in der Gründerzeit stetig steigerte.

Zum Medium Oper habe ich keine harmonische Beziehung und ziehe solche Werke vor, die vordergründig literarisch wirken. Es ist aber sicher kein Zufall, daß zusammen mit den vorsichtig aufsteigenden Kleinbürgerschichten auch die »kleine Oper«, die Operette, die Bühne betrat, während die große Opernform auch heute nach wie vor – denken wir nur an den pompösen Wiener Opernball – dem Großbürgertum zugeordnet wird.

Ich habe zu diesem Teil schon deshalb eine besondere Beziehung, weil ich jene Textstelle, die einen so umfassenden Begriff wie »Freiheit« doch einigermaßen plausibel erklärt, für besonders gelungen halte . . .

(Adeliger mit umgehundenem Pferd tritt auf)

BÜRGER *(der soeben das Lied vom »Mächtelmöchtel gesungen hat):*
Mein Lieber von und zu auf deinem hohen Roß,
du warst schon viel zu lange groß.
Du hast die Macht und Pracht, jedoch bei mir nur
  Schulden.
Steig ab und ziehe nobel dich zurück,
dein hohes Roß kommt in die Wurstfabrik.

(Der Bürger versucht einen Kampf, der Adelige flieht)

BÜRGER:
Die Situation ist klar, die Zeit ist reif,
weshalb ich in die Zügel greif',
doch brauche ich, ich sag's, wie's ist,
ein ideologisches Gerüst.
Das bringt mir Richtung in die Gärung –
die Philosophien der Aufklärung.

PHILOSOPH:
Angesichts der Entwicklung aller Naturwissenschaften,
der neuen Erkenntnisse und Erfindungen sowie auch
angesichts des wachsenden Selbstbewußtseins der Bürger,
lassen sich bestimmte Dogmen –
also unbewiesene Behauptungen –
nicht mehr länger aufrechterhalten,
auf die sich die Herrscher bisher stützten,
etwa daß diese, ihre alte Welt
gottgewollt und die beste aller Welten sei...

BÄCKER:
Deine gescheiten politischen Schnurren
können kein Jota umwandeln,
entscheidend allein ist das Magenknurren,
das bringt die Menschen zum Handeln.
Ich bin, das heißt, ich war ein Bäcker
und buk, so gut es ging, für alle Geschmäcker.

PHILOSOPH:
Für den feinen Geschmack buk er feiner,
für den gemeinen Geschmack buk er kleiner.

BÄCKER:
Was Sie hier sehen, ist nur noch das Gespenst von mir,
mich haben die Hungernden erschlagen vor der Ladentür.
Denn schon das ganze achtzehnte Jahrhundert
war Brot knapp und das Volk unruhig, was keinen
  wundert.

PHILOSOPH:
Er hat mit Müh' zu den zahlenden Kunden
geheime Lieferwege gefunden.

BÄCKER:
Wir schrieben 1788, als der Hagelschlag
das ganze Getreide traf an einem einzigen Tag.
Das trieb die Verzweifelten vom Land in die Stadt,
und den ganzen Winter wurden sie nicht satt,
80.000 Arbeitslose bis zum geht nicht mehr,
trieben sich hungernd in Paris umher.
Deshalb: das Gespenst des Hungers, Sie wissen schon,
ist der wahre Vater der Revolution.

PHILOSOPH:
Das ist nicht die Wahrheit, was soll das Theater,
du bist vielleicht die Mutter, aber ich bin der Vater.
Ich bin kein Gespenst, ich bin ein Geist,
und zwar der der Aufklärung, was beweist,
ich lieferte den Überbau und die Ideale:
Freiheit, Gleichheit, Brüderlichkeit – das ganze Liberale.

BÜRGER:
Herr Philosoph, Herr Bäckermeister,
hört auf zu streiten, ihr zwei Geister.
Laßt mich erklären: Jucheissassa,
schaut mich an, den Bourgeois.
Ich hab' es zu Besitz gebracht,
was mir noch fehlt, das ist die Macht.
Und alles hat nur einen Zweck:
Wie nehm' ich sie dem Adel weg?

BÜRGER:
Die Basis und den Überbau, den baut ihr.
So einfach ist es, was, da schaut ihr?

BÄCKER, PHILOSOPH:
Die Basis und den Überbau, den bau'n wir,
so einfach ist es, ja, da schau'n wir.

BÜRGER:
Ihr tut mich unterstützen,
ich werde euch benützen,
drum teilen wir somit
die Elternschaft zu dritt.

BÜRGER *(zum Arbeiter):*
Du wirst verstehen, als kommende Elite
sind wir keine Massenbewegung, darum eine Bitte,
erledige du für uns die blutigen Geschäfte,
für diesmal vereinen wir unsere Kräfte.

BÜRGER *(zum Philosophen):*
Jetzt mache ihm was Schönes vor,
damit er weiß, wofür der Streit.

PHILOSOPH *(zum Arbeiter):*
Gleichheit rot, Freiheit weiß,
blau die Brüderlichkeit,
das ist die Tricolor!

ARBEITER:
Was ist eigentlich – Freiheit?

PHILOSOPH:
Die Freiheit? Die Freiheit ist ... weiß!

STIMME:
Wer möglichst viele Möglichkeiten hat,
dessen Freiheit ist es.
Hat der Arbeiter möglichst viele Möglichkeiten,
ist es die Freiheit des Arbeiters.
Hat das Kapital möglichst viele Möglichkeiten,
ist es die Freiheit des Kapitalisten.
Schau um dich, wer möglichst viele Möglichkeiten hat,
und du weißt, wessen Freiheit das ist!

BÜRGER *(mit Geldsack):*
Ha, jetzt schlägt die Freiheit Funken
vor den Toren meiner Bank.
Ich erkenne freudetrunken:
nichts hemmt meinen Tatendrang.

Seid umschlungen, Millionen,
diesen Kuß des Bürgertums
auf die erogenen Zonen
des Profits und des Konsums.

Diese letzten acht Zeilen – die in der Plattenfassung nicht enthalten sind – nahmen die »Schmetterlinge« später wieder in ihre Konzertfassung auf. Sie wurde nach dem Hauptthema Ludwig van Beethovens »Hymnus an die Freude« gesungen.

Die Travestie der Musik drückte somit nicht nur den bourgeoisen Triumph aus, sondern machte sich auch noch über das begleitende Pathos lustig, indem sie die Doppeldeutigkeit der schönen Zeile »Seid umschlungen, Millionen« mit den Mitteln der Kleinkunst ausspielte. Da wurde nämlich dem Bourgeois ein Geldsack mit der Aufschrift »$ 1,000.000« zugeworfen, der aber einen Springball enthielt, auf dem sich der Großbürger hüpfend einen attraktiven Abgang verschaffte.

Dahinter steckte sicher auch das Wissen darum, daß Beethoven ursprünglich ja einen »Hymnus an die Freiheit« komponiert hatte, der nur der Metternichschen Zensur wegen umbenannt werden mußte...

Nach dem Rezitativ über die Erstürmung der Bastille folgte in der Urfassung eine Einlage, deren geistige Heimat eher auf den

Kleinkunstbühnen zu suchen ist. Da trat in einer stilisierten Sänfte, die er noch dazu selbst trug, der König von Frankreich auf und steckte den Kopf durch den Fenstervorhang...

KÖNIG:
Ich bin der französische König
und scheiße mich um sehr wenig!

...und damit ging seine Majestät wieder ab. Tatsache ist aber, daß der König an jenem denkwürdigen 14. Juli erfolglos auf der Jagd gewesen war und deshalb »rien« in seinem Tagebuch vermerkte – »nichts«...

Eines der schönsten Lieder der »Proletenpassion« kam aus rein technischen Gründen nicht auf die Platte, was ich sehr bedaure. Es war schlicht zu lang. Es verlängerte diese Station zu sehr im Verhältnis zu den anderen Stationen. Und es ging zu sehr ins Detail, schilderte es doch – personifiziert – die wichtigsten der die Französische Revolution tragenden Fraktionen.

AN UNSER ALLER FEUER

Wer hat in dieser kalten Nacht
Feuer gemacht, Feuer gemacht?
Das Volk, das lag in Wunden,
die hatten sich entzunden.
Und will einer nicht frieren,
muß er das Feuer schüren.
Es wärmt auch mancher noble Mann
sich seine klammen Finger dran
an unser aller Feuer,
an unser aller Feuer.

Es leuchtet in die Nacht hinein
der Feuerschein, der Feuerschein,
bis hin zu den Palästen
der Reichsten und der Größten.
Sie schnuppern überm Spitzentuch
und merken schnell den Brandgeruch,
und sie beschließen schnell, beim Tee,
sie wollen kochen ihr Souper
an unser aller Feuer,
an unser aller Feuer.

Ludwig XVI. als Figurine aus Ungers Arbeitsbuch.

Danton tritt auf mit Eleganz
zum Feuertanz, zum Feuertanz.
Von aller Gleichheit spricht er,
von Gleichheit vor dem Richter,
doch beim Besitz der Reichen,
da weiß er nichts von Gleichen.
Wem will er von den Kohlen
heiße Kastanien holen
aus unser aller Feuer,
aus unser aller Feuer.

Schad' ist's um Monsieur Marat,
der starb als er die Wahrheit sah.
Das Feuer wärmt nicht jeden,
da schrieb er Flammenreden:
Jedermann im Menschenreich
wäre von Natur aus gleich.
Er fehlt uns sehr im Feuerkreis,
es wäre sicher doppelt heiß
an unser aller Feuer,
an unser aller Feuer.

Feurig sprengte auch daher
im Flammenschein Robbespierre,
und wo er hintrat, brannt' es.
Er wollt' den Schatz des Landes
zerteilen wie eine Torte
mit dem Schnitt der Worte.
Und wenn die Worte wurden dünn,
schärfte er die Guillotine
an unser aller Feuer,
an unser aller Feuer.

Monsieur Babeuf, dem fiel es ein,
daß Arm und Reich nicht Brüder sein
und Gleiches wollen könnten,
da sie doch Welten trennten.
Er kämpfte, und er träumte kühn
von Volksbesitz, von der Commune,
den Wind von morgen spürt der Mann
und zündet seinen Fackelspan
an unser aller Feuer,
an unser aller Feuer.

Wer hat in dieser kalten Nacht
Feuer gemacht, Feuer gemacht?
Das Volk, das lag in Wunden,
die hatten sich entzunden,
und bei dem Flammenspiele
gab es der Köche viele.
Und mancher, den man gut gekannt,
der hat die Finger sich verbrannt
an unser aller Feuer,
an unser aller Feuer.

Das Lied »Der kleine Mann ist nicht vom Himmel gefallen« fiel linkslinker Kritik zum Opfer, denn die in den siebziger Jahren sehr rührigen Maoisten, Revolutionären Marxisten, Trotzkisten und weiß Lenin wer noch rieben sich an dem Ausdruck »kleiner Mann«, so wie ihnen der Begriff »Passion« im Titel unserer Arbeit schon unwürdig erschienen war. Traurig, aber wahr, eine Darstellung im Stil des (so genannten, aber nie so gemeinten) »sozialistischen Realismus« wäre die offenbar entsprechende Alternative gewesen. Also ein »großer Mann«, der muskelbepackte Athlet-Prolet im Pathos der zwanziger und dreißiger Jahre der Arbeiterbewegung, ein Pathos übrigens, das mühe- und bruchlos von den Faschisten übernommen und weitergeführt werden konnte.

Ich finde jedoch die Formel »kleiner Mann« für die Unterschichten besonders des 19. Jahrhunderts durchaus richtig, auch im historischen Sinn, vor allem auch im Selbstverständnis dieser Unterschichten und durchaus nicht abwertend, führte diese Selbsteinschätzung doch zum Zusammenschluß in den »großen« Arbeiterorganisationen, die bis heute global geschichtsbestimmend sind.

Der Begriff »kleiner Mann« hat sich in der Plattenfassung auch im »Lied von der letzten Schlacht« erhalten.

DER KLEINE MANN
IST NICHT VOM HIMMEL GEFALLEN

Es geschah zu der Zeit, da der Stern des Bürgertums
    hochstieg,
da stieg ich, der Prolet, mit ihnen auf die Barrikaden,
ein kleiner Mann im blutigen Gefecht,
und kämpfte mit ihnen für sie,
aber auch schon für mich selbst und für mein Recht.

Der kleine Mann ist nicht vom Himmel gefallen.
Der kleine Mann wurde gemacht.
Der kleine Mann wurde klein gemacht.
Der kleine Mann wird klein, klein, klein gehalten,
von großen Gewalten.

Ich war der kleine Handwerker, deklassiert und verzweifelt,
als die Maschinen tausendmal mehr produzierten,
ich hab' zuerst den technischen Fortschritt verteufelt,
dann ging ich eben mit all den anderen Deklassierten
in den Kampf der Bürger und der Reichen
und kämpfte und starb für sie
und auch schon für meinesgleichen.

Der kleine Mann ist nicht vom Himmel gefallen.
Der kleine Mann wurde gemacht.
Der kleine Mann wurde klein gemacht.
Der kleine Mann wird klein, klein, klein gehalten,
von großen Gewalten.

Ich war der analphabetische Tölpel aus den Provinzen
und zog in die lockende Stadt, in die Fabriken,
ausgepreßt so wie früher für wenige Münzen,
auf die Straße gesetzt, schlief ich unter Brücken
und stritt für die murrenden Bürger in ihrem Streite
und kämpfte für sie an ihrer Seite
und hielt mich schon nicht mehr für ihresgleichen.

Der kleine Mann ist nicht vom Himmel gefallen.
Der kleine Mann wurde gemacht.
Der kleine Mann wurde klein gemacht.
Der kleine Mann wird klein, klein, klein gehalten,
von großen Gewalten.

In der Urfassung taucht der Begriff »kleiner Mann« dann noch in einer kleinen Überleitung mit madrigalem Charakter auf, die auf Heinrich Heines »Schlesische Weber« folgte und die Weiterentwicklung ankündigte.

WIEVIEL LÄSST SICH DER KLEINE MANN GEFALLEN?

Wieviel läßt sich der kleine Mann gefallen?
Wie lange dauert's, bis er wütend wird?
Der kleine Mann, der friedlichste von allen,
steckt viele Schläge ein, eh' er sich rührt,
und lang ballt er die Fäuste ganz versteckt,
eh' er sie zornig gegen oben reckt.

WEITERFÜHRENDE TEXTE

Viele spätere Beispiele finde ich in meinem Archiv, die ihren Beginn in dieser Station der Proletenpassion fanden. Aber ein Text[5] ist älter, er hätte das »Gefühl des Biedermeiers« illustrieren können, wäre dafür Platz gewesen...

BIEDERMEIER-GEJEIER

Ogott, ogott, der Schneider ist tot!
Was wird denn jetzt aus meinem Ballkleid?
Die Seide war rot, der Schneider war tot,
und zwar nach ganz kurzer Verfallzeit.

Das Kleid ist verdorben, der Schneider gestorben,
und ich tanz' nicht auf der Redout'
und werd' nicht umworben. – Der Schneider ist g'storben,
es ging ihm schon länger nicht gut.

Der Stoff war verdrückt, der Schneider erstickt,
er machte nur noch einen Zucker.
Das Kleid hat er g'schlickt, dran ist er erstickt,
er war halt ein ganz armer Schlucker.

Sein Mund offen weit, draus hingen vom Kleid
noch unzerkaut seidene Zipfeln.
Madamen, seid's g'scheit, und wollt ihr ein Kleid,
bringt's dem Schneider auch mit ein paar Kipfeln.

Es hat ihn halt 'packt, er hat am Hungertuch g'nagt,
aber muß das denn von meinem Kleid sein?
Der Doktor hat 'guckt, »er hat sich verschluckt«,
schrieb er auf den Totenbegleitschein.

Der Leichenzug war ein Betrug,
der Schneider war schmal, wie geplättet.
Man mußte mit Scheren den Sarg noch beschweren,
weil's sonst seine Leiche verweht hätt'.

Die Predigt war kurz, man ließ einen Furz,
und auch der war von schneidender Kürze.
Der Leichenschmaus war auch ein Graus,
es gab eigentlich nur die Gewürze.

Am Grab auf der Heide, da steht jetzt mit Kreide:
Der Schneider hat sich überessen
am seidenen Kleide. – Chinesische Seide,
drauf war er schon immer versessen...

Ein Lied gibt es in einer späteren Produktion der »Schmetterlinge« – in »Die letzte Welt« –, das bewußt die Technik des »Mächtelmöchtel« weiterführt, dabei aber den Entwicklungsbogen bis in unsere Gegenwart führt: »Mister Kapital«[6]. Selbsteinschätzungen sind natürlich immer problematisch, ich glaube aber, daß dieses gesungene Stückchen Weltwirtschaft nicht sehr dogmatisch, dafür aber lehrreich ist...

MISTER KAPITAL

Ich strich mir in der Bibel an:
Mach' dir die Erde untertan!
So machte ich's, und zwar in allen Zonen.
Aus dem Dunkel der Geschichte
treten Sagen und Berichte
über meine ersten Transaktionen.

Ich hab' die Könige versorgt –
alle haben bei mir geborgt
und mußten ihre Schulden pünktlich brennen!
Ach, sie kratzten sie zusammen
mit den Schwertern, mit den Flammen,
damit sie weiter Schulden machen können.

Gold und Silber rann wie Sand
durch die Finger meiner Hand –
vielmehr, in meinen Fingern blieb es hängen.
Ich schmolz es um zu Handelsflotten,
die fuhr'n bis zu den Hottentotten
und mehrten sich zu ungeheu'ren Mengen.

Lieb' Vaterland – magst ruhig sein,
ich bring' dir Kolonien ein,
und in dir geht die Sonne nicht mehr unter!
Rohstoffquellen quellen reich
und sind Absatzmarkt zugleich!
(Zwar ist's hier heißer, aber dafür bunter.)

Zuerst ein Handelshaus am Strand.
Dann die Mission zur rechten Hand.
Dann standen schon Soldaten unter Palmen.
Ich nahm die Wildnis in Besitz
mit Geist, Kultur und mit Geschütz.
(Und die Missionare sangen Psalmen.)

Zu Hause in der Glasvitrine
stand die erst Dampfmaschine,
die heiße Frucht aus Newtons Geistesblitzen.
Wie explodierte über Nacht
die Dynamik meiner Macht!
Nun konnte ich die ganze Welt besitzen!

Die Kolonien mußten spuren
auf den Mono-Feld-Kulturen.
Dies' Land gab nur Kaffee und jenes Zucker.
So war Europas Frühstückstisch
stets gedeckt und immer frisch.
(Und das galt sogar für arme Schlucker.)

Die Zivilisation, die vordrang,
hatte absoluten Vorrang,
wo die Doppelspur der Eisenbahn entlang eilt.
Ich bin der Vater der Proleten,
die entstanden in den Städten.
(Ohne mich hätte sich Karl Marx gelangweilt.)

Das war der I-Punkt der Idee:
die Rohstoffe aus Übersee
fuhren billig ein in die Fabriken,
und was die Maschine schluckte,
kam heraus als Endprodukte,
die um teures Geld die Welt beglücken.

Und ich sprach zu meinem Staat:
hör' mal zu – wer hat, der hat!
Beschütze mich vor meinen Konkurrenten

mit Schutzzoll und mit Einfuhrsperren
und schütz' mit Repetiergewehren
die Kolonien auf den diversen Kontinenten.

Und wird die Konkurrenz zu groß,
ja, dann ist der Teufel los!
Dann muß mein Staat mir meine Kriege führen!
Dann verdien' ich noch (wenn's geht)
an dem gesamten Kriegsgerät
und an Granaten mit Lizenzgebühren.

Es wurde mir zu eng zu Haus',
ich wuchs über mein Land hinaus.
(Ich bin ein Mann von Welt und nicht von gestern.)
Ich warf mich gierig auf das Öl:
Exxon, Gulf, Texaco, Shell...
ich trieb es toll mit allen »sieben Schwestern«.

Heut' tanzt unter meiner Führung
in vielen Ländern die Regierung,
ich stecke meine Finger (fein behandschuht)
in so manches Staatsorgan
und in jeden Rüstungsplan
und in fast alles, was man euch so antut.

Das System läuft wie geschmiert,
denn ob dies, ob das passiert,
es macht mich immer größer und globaler.
Sagt mich tot und schreibt mich krank!
Totgesagte leben lang
und werden immer multinationaler.

Manchmal stellt mir wer ein Bein,
manchmal schimpft mich wer ein Schwein,
da wollen welche nicht, daß es so bleibe...
Doch stets, wenn wer besonders schimpft,
erkläre ich: Ich bin geimpft,
und was ich je auch tat, »I did it my way«...

Als Jahre später das Ensemble-Theater ein – vermutlich durch die »Proletenpassion« angeregtes – Programm mit politischen Liedern unter dem schönen Titel »Die Freiheit des Vogels, im Käfig zu singen« einstudierte, übersetzte ich (nach einer Rohübersetzung, wohlgemerkt) die »Couplets populaires«, die der »Bürger Bellemare am 21. Regenmond, im Jahr III der französichen Repuplik (10. Februar)« gedichtet hatte:

MONDLIED

Kerzen kosten schon sechs Francs,
die ich nicht zahlen konnte,
dunkel lieg' ich jetzt und rauh,
nur ein Licht fällt in das Grau –
vom Monde, vom Monde, vom Monde.

Träum' ich in kalter Finsternis
von Brot – das warme, blonde,
und falls der Mond ein Käse is',
dann hätt' ich gerne einen Biß
vom Monde, vom Monde, vom Monde.

Wußte früher keine Spur,
wo die Freiheit wohnte,
mitten in der Hungerkur
weiß ich jetzt: sie wohnt nicht nur
am Monde, am Monde, am Monde...

Während der Erarbeitung jener Textstelle, die dem sich an Farb-Allegorien klammernden bürgerlichen Freiheitsbegriff eine plausible marxistische Definition des Wortes »Freiheit« entgegensetzte, entstand ein »Nebenprodukt«...

FREIHEITSLIED

Deine schönen Silben, Freiheit,
dreh'n sich uns achtzigmal im Mund
zur Schweigezeit und zur Schreizeit,
in alter Zeit wie zur Neuzeit
schrien wir die Kehlen uns wund.

Es kommt die Rabenbande der Diebe
und fordert die Freiheit, zu stehlen,
und sie stehlen die Freiheit, die Liebe,
und von unserer Zukunft bliebe
nicht genug, um davon zu erzählen.

Und hör' ich die Phrasen, und höre
von lügenden Lippen dich glänzen,
beschwör' ich dich, Freiheit, und schwöre,
ich wünsch' dir nicht Hampelmannchöre,
ich wünsch' dir befestigte Grenzen.

Ein weiteres Lied gelangte aus dramaturgischen Gründen nicht ins Programm, es hätte den Ablauf verwirrt, denn es stellte den Zusammmenhang zum Faschismus her...

DES BÜRGERS DRITTE LIEBE

Ja, des Bürgers erste Liebe
war mit Spitzen angetan,
hatte hohe Ideale,
sehr moralisch und human.
Und sie half ihm in den Sattel,
doch sie wurden nie getraut.
Ach, des Bürgers erste Liebe,
die blieb seine ew'ge Braut.

Und des Bürgers zweite Liebe,
die verkehrt im Parlament.
Und sie führt ihm seinen Haushalt,
und sie bügelt ihm sein Hemd.
Aber wenn sie, breit und bieder,
einmal nicht mehr weiterkann,
kommt des Bürgers dritte Liebe,
die hat schwarze Stiefel an.

Ach, die Braut und die Gemahlin
haben ihn noch nie geniert,
denn es ist die dritte Liebe,
die nun die Geschäfte führt.
Wenn sie kommt in schwarzen Stiefeln
mit der Peitsche in der Hand,
ist die erste Lieb' vergessen,
und die zweite wird verbannt.

IV
DIE PARISER KOMMUNE

»Das rote Gespenst von 1871.«
Die Kommune aus der Sicht der Gegner.

DIE **L**ATTE LIEGT SEHR HOCH
119

DIE **V**ORGESCHICHTTE
120

DIE GÜLTIGE **F**ASSUNG
122

TEXTE DER **U**RFASSUNG
131

HINZUGEFÜGTE **L**IEDER
137

DIKTATORIE UND **D**EMOKRATUR
142

IST **I**RREN UNMENSCHLICH?
145

DIE LATTE LIEGT SEHR HOCH

Mit dieser Station waren wir sozusagen beim Kern unseres Gestaltungswillens angelangt, hier standen wir kurz vor dem dramaturgischen und inhaltlichen Höhepunkt des ganzen Projekts, ja eigentlich hatten wir alles um dieser zentralen Aussage willen begonnen.

Die Latte lag sehr hoch, aber wir hatten uns auch einen langen Anlauf genommen, sie zu überspringen.

Die Pariser Kommune stellte ein so einzigartiges historisches Ereignis dar, das viele völlig neue gesellschaftspolitische Qualitäten aufwies, aber durch seine kurze Dauer, seine Bedrängnis und auch durch die Unsicherheit einer durch völlige Fremde tastenden Expedition wie ein flüchtiger Funke in der Nacht der herkömmlichen Geschichtsbetrachtung wirkte.

Schon während ihrer kurzen Dauer war die Kommune von der bürgerlichen Presse verleumdet worden. Das setzte dann die bürgerliche Geschichtsschreibung bis in unsere Schultage und bis in unsere Geschichtsbücher hinein fort.

Manche Humanisten mit ungefährem Linksdrall sahen wiederum vor allem die blutige Niederlage, die die »Unmöglichkeit dieses Experiments« oktroyierte. Nur eine Generation später agierten mit solchen Slogans deutsche Sozialdemokraten gegen die Kommunen in deutschen Städten, in München zum Beispiel.

Bertolt Brecht hatte 1948/49 in Zürich das Stück »Die Tage der Commune« geschrieben, und zwar nach der Lektüre von Nordahl Griegs »Niederlage«. Er vermerkte dazu:

Aus der »Niederlage« wurden einige Züge und Charaktere verwendet, jedoch sind »Die Tage der Commune« im ganzen eine Art Gegenentwurf...

Und so eine Art Gegenentwurf – auch gegen unseren eigenen Titelbegriff »Passion« – sollte diese Station vermitteln.

Der Begleittext der Plattenkassette versucht, die komplizierte historische Ausgangslage zu erklären...

DIE VORGESCHICHTE

Deutsch-französischer Krieg 1870/71.
19. Juli 1870: Kriegserklärung an Preußen.
2. September 1870: Napoleon III kapituliert bei Sedan, Napoleon III und 200.000 Soldaten werden gefangen.

Empörung im französischen Volk; es bildet sich die republikanische »Regierung der nationalen Verteidigung« unter Thiers und Favre. Die Pariser werden bewaffnet, denn die Preußen marschieren bereits auf Paris zu.

Am 19. September 1870 beginnt die Belagerung von Paris. Schon am selben Tag finden Geheimverhandlungen zwischen Favre und Bismarck statt. Die Regierung wird ab nun »Regierung des nationalen Verrats« genannt.

Am 25. Januar 1871 akzeptiert die »Regierung des nationalen Verrats« folgende Bedingungen:
1. Waffenstillstand von 21 Tagen,
2. Schleifung der Befestigungsmauer von Paris,
3. Übergabe der Pariser Armee an die Preußen,
4. Zahlung einer Kriegsentschädigung von 200 Millionen Francs innerhalb von 14 Tagen.

Am 18. März 1871 erfolgt der berüchtigte Entwaffnungsversuch. Thiers fordert die Nationalgarde auf, sich dem Kommando der Regierung zu unterstellen. Nur 300 von 300.000 Nationalgardisten gehen zur bürgerlichen Regierung über, daraufhin flüchtet Thiers nach Versailles. Die Nationalgarde setzt ihre Offiziere ab und wählt neue. Am 18. März proklamierte die Nationalgarde:

Die Proletarier von Paris, inmitten der Niederlagen und des Verrats der herrschenden Klassen, haben begriffen, daß die Stunde geschlagen hat, wo sie die Lage retten müssen, dadurch, daß sie die Leitung der öffentlichen Angelegenheiten in ihre eigenen Hände nehmen. Sie haben begriffen, daß es ihre höchste Pflicht und ihr absolutes Recht ist, sich zu Herren ihrer eigenen Geschichte zu machen und die Regierungsgewalt zu ergreifen.

Am 19. März beschließt das Zentralkomitee der Nationalgarde, für den 28. März die Wahlen zum Rat der Kommune festzusetzen. Und ab diesem 28. März sitzen zum ersten Mal Bäcker, Schuster, Packer usw. in einer gesetzgebenden Körperschaft, und ab diesem 28. März erläßt diese Körperschaft täglich beispielgebende, bis heute noch nicht verwirklichte Gesetze.

POLITISCHE MASSNAHMEN:
1. Auflösung des Heeres, Einführung der Volksbewaffnung.
2. Auflösung der Polizei, Einführung von Ordnungsmilizen bewaffneter Arbeiter.
3. Aufhebung aller Repräsentationsgelder und Privilegien für Politiker. Bezahlung a l l e r Beamten mit durchschnittlichem Arbeiterlohn.
4. Wählbarkeit und jederzeitige Abwählbarkeit der Politiker, Beamten, Richter und Lehrer.
5. Trennung von Kirche und Staat, kein Religionsunterricht in den Schulen.

ÖKONOMISCHE MASSNAHMEN:
In den Werkstätten: Kontrolle der Arbeitstarife, Abschaffung der Geldstrafen in Fabriken.
Alle von den Besitzern verlassenen Werkstätten und Fabriken werden den Arbeitern übergeben.

Am 16. April wird die Vendomen Säule in Paris niedergerissen, ein Symbol des Kolonialismus und der Unterdrückung fremder Völker.
Außerdem wird in Paris die Guillotine verbrannt.
Ab April: Verhandlungen Thiers mit Bismarck um eine vorzeitige Freilassung der Kriegsgefangenen von Sedan. Mit diesen Soldaten, die von der Entwicklung in Paris nichts wußten, eroberte Thiers in der ersten Maiwoche Paris. Die Opfer der Pariser Arbeiter: 40.000 Tote, 30.000 Gefangene, 40.000 Deportierte.
Die Pariser Arbeiter und Kleinbürger waren ziemlich unvorbereitet an die Macht gekommen. Es gab noch keine genauen Vorstellungen, wie das Proletariat seine Staatsgeschäfte führen soll. Es hatte damals keine einheitliche Führung gegeben, keine einheitliche Arbeiterpartei. Und trotz der Fehler, die die Kommune machte, waren ihre Ansätze zur Verwirklichung des Sozialismus und des proletarischen Staates richtungsweisend.
Inmitten preußischer Umzingelung wurde ein Deutscher, nämlich Leon Frankl, zum Arbeitsminister gewählt. Ein Pole war ebenfalls im Rat der Kommune und Eugene Pottier, auch Mitglied des Rats der Kommune, schrieb ein Lied, das die völkerverbindende politische Haltung beschreibt, »die Internationale«.

DIE GÜLTIGE FASSUNG

(General von Moltke tritt auf)

MOLTKE *(singt)*:

Wenn ein Hund mit dem Mund einen Knochen kaut
und ein anderer Hund hat ihm zugeschaut,
ja, dann springt er hin und fängt an zu zieh'n,
daß die Fetzen fliegen.

Wenn ein Kapital national erstarkt
und ein Konkurrent will auch den Markt,
dann gibt es eine Schlacht, und es blitzt und es kracht,
daß die Fetzen fliegen.

HUNDERTTAUSENDE ARBEITSLOSE

Horch, es rollt ein ferner Donner in den Kreis des
    Parlaments,
und des Kaisers neue Erben
riechen drohendes Verderben,
und mit Beben in der Stimme hält man Rat in
    Permanenz.

»Meine Herren, unsre Lage ist verfahren und fatal,
doch wir haben noch was in petto,
denn es gibt ja schließlich netto
hunderttausend Arbeitslose als Menschenmaterial.«

Hunderttausend Arbeitslose holte man zum Militär.
Kaum verzogen sich die Schwaden,
da erblickte man den Schaden:
hunderttausend Arbeitslose mit Kanone und Gewehr.

Das Erbleichen der Regierung war ergreifend und enorm,
ach, es war ein schöner Schrecken,
denn man sieht an allen Ecken
hunderttausend Arbeitslose in der Gardeuniform.

Hunderttausend Arbeitslose, eine ganze Volksarmee,
setzten ab die Offiziere,
und sie wählten dafür ihre.
»Wenn das Volk merkt, daß es stark ist, meine Herren,
dann adieu!«

BALLADE VON DEN ZWEI RUHMLOSEN GENERALEN

Wer schleicht durchs Morgengrauen,
geduckt, verstohlen, fies,
Kanonen wegzuklauen
dem Volke von Paris?

Zwei noble Generale
mit ihren Bataillons,
zum Montmartre vom Pigalle
im bleichen Licht des Monds.

Da wollten sie wegschaffen
das schlafende Geschütz,
denn hat das Volk mal Waffen,
kann sein, daß es sie nützt.

Die wollten sie entfernen,
denn das war ihr Geschäft,
da mußten sie es lernen,
daß das Volk nicht schläft.

Denn da im Morgengrauen,
die Hähne krähten schon,
da stellten sich die Frauen
hin vor die Kanon'.

Sie ließen sie nicht ziehen,
sie wurden immer mehr.
Die Generale schrieen:
»Soldaten, ans Gewehr!«

Es wär' mir wirklich teuer
der Anblick ihres Gesichts,
denn sie befahlen »Feuer«,
die Soldaten taten nichts.

Es sammelten sich viele,
es wurden immer mehr,
sie boten gute Ziele,
doch rührt sich kein Gewehr.

Das hat sie sehr verdrossen,
und »Feuer« schrien sie wieder,
und die Soldaten schossen
die Generale nieder.

Und das war die Ballade
von den zwei Generalen,
wir dachten uns gerade,
sie würde euch gefallen.

LIED VOM GESPENSTERZUG

Es ziehen die Lemuren
mit wütendem Geheul
und ihren fetten Huren
gar hastig nach Versailles.
Mit ihnen zieh'n die Ratten,
Spitzel und Ganov',
die sie gefüttert hatten,
an den Versailler Hof.

> Was tanzt für ein Gespensterzug
> auf der Straße nach Versailles?
> Paris ist wie schon lange nicht
> so sauber und so frei.
> Was hat sie so in Schreck versetzt,
> so plötzlich über Nacht?
> Sie sind so sehr zu Recht entsetzt:
> das Volk ist an der Macht!

Die alten Spekulanten,
die ganze Unterwelt
und auch die Fabrikanten,
der Adel und das Geld.
Die alten Generäle
und ihr korrupter Stab,
mit ungeahnter Schnelle
setzen sie sich ab.

Was tanzt für ein Gespensterzug
auf der Straße nach Versailles?
Paris ist wie schon lange nicht
so sauber und so frei.
Was hat sie so in Schreck versetzt,
so plötzlich über Nacht?
Sie sind so sehr zu Recht entsetzt:
das Volk ist an der Macht!

WAHLAUFRUF DER KOMMUNE

(Originalzitat)

Vergeßt nicht, daß diejenigen Menschen euch am besten dienen werden, die ihr aus eurer eigenen Mitte wählen werdet, die das gleiche Leben wie ihr führen und die gleichen Leiden ertragen wie ihr...

Hütet euch vor Leuten, die zuviel reden, vermeidet vom Schicksal Begünstigte, denn selten nur will derjenige, der ein Vermögen besitzt, im Arbeitenden seinen Bruder sehen.

Wählt eher diejenigen, die sich um eure Stimme nicht bewerben. Der wahre Verdienst ist bescheiden, und es ist die Sache der Wähler, ihre Kandidaten zu kennen, und nicht der Kandidaten, sich erst vorzustellen.

WAS IST DIE KOMMUNE?

Was ist die Kommune?
Ein Volk, das nun das Sagen hat,
eine neue Qualität von Staat,
das ist die Kommune:
Zum erstenmal zu dieser Zeit
herrscht das Volk in Wirklichkeit.

Was ist die Kommune?
Lehrer, Richter, Kommandant,
vom Volk gewählt, vom Volk ernannt,
das ist die Kommune:
Vom Volk auch wieder abgewählt,
wer das Versprechen ihm nicht hält.

Was ist die Kommune?
Den Arbeitern gehört ihre Fabrik,
und was sie herstellt, Stück für Stück,
das ist die Kommune:
Ihren Bewohnern, das rufen wir aus,
gehören die Stadt und jedes Haus.
Das ist die Kommune.

Und daß im ganzen Sitzungssaal
kein Advokat, kein General,
kein Fabrikant, kein Journalist,
kein Mitglied der herrschenden Klasse ist.
An ihrer Stelle beraten hier
ein Schneider, ein Bäcker, ein Grenadier,
Buchbinder, Schuster und Koch.
Sie kennen sich nicht und wissen doch,
was sie wollen und wofür und für wen.

Auch das ist die Kommune.

DEKRETE DER KOMMUNE

Das Volk ist nie noch an der Macht gewesen,
doch es herrscht das Volk ab nun.
Darum kehrt aus mit eisernen Besen!
Privilegien, Politikerspesen
gibt es nicht in der Kommun'.

    Und das Volk gewährt daher
    seinen Beamten soviel Geld
    wie ein Arbeiter Lohn erhält,
    voilà –
    und keinen Sou mehr.

Reinen Tisch macht mit dem Bedränger,
Heer der Sklaven wache auf,
du bist das Korps der Kettensprenger,
der Bürger Heer braucht es nicht länger,
und darum lösen wir es auf.

    Die Kommune hat verfügt:
    Das Volk trägt selber das Gewehr
    statt dem eingesetzten Heer,
    voilà –
    und das genügt.

Der Staub aus Schulen und Talaren,
der wird ab heute weggefegt.
Die Lehren unserer Herren waren
als Joch seit tausend Jahren
unseren Kindern auferlegt.

   Die Kommune trennt daher
   die Kirche von der Schul',
   das Einmaleins vom heiligen Stuhl
   voilà –
   das gibt's nicht mehr.

DIE VERHANDLUNG

THIERS *(tritt mit weißer Fahne auf):*
Alo? Ist 'ier wer zu 'aus?
Ich bin der weggejagte Chef von France,
ein Rendezvous, ich bitte sehr,
alo? Mon General? Ich bin Monsieur Thiers.

MOLTKE:
Umsonst wird es doch heißen nicht:
So schnell schießen die Preußen nicht.

THIERS:
Mon General, Sie müssen wissen:
Unsere Lage ist beschissen.

MOLTKE:
Hast du Probleme, die dich quälen,
komm, leg sie hier auf den Tisch.
Und die Zeit, und die Zeit, und die Zeit
nimmt sie fort...

THIERS:
Und was Sie auch noch wissen müßten:
die Kommunarden sind Kommunisten!
Und darum haben wir uns entschieden,
wir machen endlich unseren Frieden,
wir sind ja Brüder, Herr von Moltke,
der wahre Feind, der ist im Volke.

MOLTKE:
Det wird den Bismark freujen, ehrlich,
denn der findet's auch jefährlich.

THIERS:
Drum seid so gut, ihr lieben Brüder,
gebt uns die Kriegsgefangenen wieder,
die bei Sedan ihr einkassiert habt,
als ihr den Kaiser arretiert habt.
Wir brauchen Heere und Gewalten,
den Kaiser könnt ihr euch behalten.
Wofür ich euch, bei meiner Seel', lass'
sowohl Lothringen als auch Elsaß.

MOLTKE:
Der Handel gilt, wir schreiben alles nieder,
adieu, Herr Thiers, beehren Sie uns bald wieder.

DIE FRAUEN DER KOMMUNE

Heut' kühlen alle Küchen aus,
die Frauen bleiben nicht zu Haus
zum Kochen und zum Schaffen,
sie ziehen zum Kommunehaus
und fordern: gebt Gewehre aus,
gebt uns Frauen Waffen!

    Wie ihre roten Wangen glühn
    beim Barrikadenbauen –
    die bisher schönsten Frauen,
    die Frauen der Kommune.

Die Frau gehöre unters Dach,
das Kämpfen, das ist Männersach',
das war die alte Weisheit.
Doch hält die Frau nicht länger still,
sie hat erkannt: wer frei sein will,
muß kämpfen um die Freiheit!

    Wie ihre roten Wangen glühn
    beim Barrikadenbauen –
    die bisher schönsten Frauen,
    die Frauen der Kommune.

CHANSON VOM LETZTEN KAMPF DER KOMMUNARDEN

Auf dem Friedhof von Père Lachaise
unterm Marienbilde
kämpfen die letzten Kommunarden.
Die Grabsteine von gestern sind ihre Schilde
in ihrem Kampf für morgen.
Und in die frommen Sprüche,
in Gold auf geädertem Stein,
fahren mit unheiligem Getös'
tausend blutige Flüche
und gellende Schüsse ein.
Auf dem Friedhof von Père Lachaise,
da liegen die Armen im bekreuzten Loch
dutzendweis, ihrer Klasse gemäß,
und drüben, mit Stein überdacht,
ruhen im Marmorbett
die besseren Toten im Chemisett,
und dazwischen die Toten der letzten Schlacht.
Und tot, wie sie sind, bestehen sie noch
auf dem Unterschied zwischen den Toten,
auf dem Friedhof von Père Lachaise.

DIE LEHREN DER KOMMUNE

Wir irrten oft, ihr wißt es heut',
es sei euch eine Lehr'.
Wir hatten dreißig Tage Zeit
und keine Stunde mehr.

Wir hatten dreißig Tage Zeit
und Jahre voll offener Fragen.
Wir unterlagen in dem Streit
den Fehlern von dreißig Tagen.

LIED DER FRAGEN

Warum sind wir nicht nach Versailles marschiert
damals am 18. März?
Den Feind entließen wir ungeniert
und trafen nicht sein Herz.

Warum ließen wir die Heuchler frei,
und keiner schoß ihnen nach?
Warum belagerten wir nicht Versailles,
solange der Feind noch schwach?

Warum griffen wir nicht im ersten Gang
nach des Bürgers heiliger Kuh?
Seinen Lebensnerv, die französische Bank,
wir ließen sie nobel in Ruh'.

Wir hatten dreißig Tage Zeit
und Jahre voll offener Fragen.
Wir unterlagen in dem Streit
den Fehlern von dreißig Tagen.

(gesprochen)

Der sozialdemokratische Philister ist neuerdings wieder in heilsamen Schrecken geraten bei dem Wort: Diktatur des Proletariats. Nun gut, ihr Herren, wollt ihr wissen, wie diese Diktatur aussieht? Seht euch die Pariser Kommune an. D a s war die Diktatur des Proletariats.

London, am 18. März 1891, dem zwanzigsten Jahrestag der Pariser Kommune. Gezeichnet: *Friedrich Engels.*

TOT ODER LEBENDIG

Tot oder lebendig, was nützt es euch, zu schießen?
Tot oder lebendig, wir haben es bewiesen:
Das Volk kann selbst regieren,
es braucht euch nicht dazu.

> Das war das erste Mal,
> doch es wird nicht das letzte Mal sein,
> es wird so oft geschehen,
> bis wir uns befrei'n.

Tot oder lebendig, was hilft's euch, uns zu jagen?
Tot oder lebendig, wir sind nicht mehr zu schlagen.
Die Taten, die wir setzten,
sind keine Utopien.

> Das war nur eine Stadt
> doch es wird nicht die letzte Stadt sein,
> es wird überall geschehen,
> daß wir uns befrei'n.

TEXTE DER URFASSUNG

Die Erfahrungen zahlreicher Konzerttourneen erlaubten dann später starke Komprimierungen. Die Urfassung glaubte aber noch, alle Details genau erklären zu müssen. So folgte dem Auftritt Moltkes ein Soldat, der den gefangenen Franzosenkaiser mit sich führte. General Moltke meldete per Feldtelegraf das historische Geschehen, wobei zwar seine Aussprache karikierend war, der Inhalt aber – exakt recherchiert – bis aufs Datum genau dem tatsächlichen Geschehen entsprach...

(General von Moltke am Feldtelegraph, ein Soldat bringt einen Gefangenen)

SOLDAT:
Jestatten, Jeneral, da Jefanjene is da.

MOLTKE:
Det wird den Bismarck freujen. Name?

NAPOLEON:
Ich sei, gewährt mir die Bitte,
Napoleon der Dritte.

MOLTKE:
Kaisa dea Franzosen,
det jing in de Hosen.
Det wird den Bismarck freujen.
(diktiert)
Lage jekläat, Franzmann bei Sedan umzinjelt,
Kaisa jefangen, Feind kapituliert, wat will ma mehr.
Jezeichnet von Moltke, Jeneral.

SOLDAT:
Melde jehorsamst, in Paris ham se Republich ausjerufen.

MOLTKE *(zu Napoleon)*:
Det wird den Bismarck aber jar nicht freujen.
Kaum nimmt man einen Kaiser jefangen,
schon rufen sie die Republik aus.

(diktiert)
Melde erjebenst heute nach Preußen,
Paris is umzinjelt und hat nichts zum Beissen.
Spätestens Dezember bringen wir's zu Fall.
18. September, Moltke, Jeneral.
(telegrafiert)
5. Jänner einundsiebzich,
die Belajerung, die zieht sich.
Wir bejinnen, sapperment,
mit dem Bombenbombardement.
Ik jlobe, die Rejierung
is schon weich vor Rührung.

Dem Lied »Hunderttausend Arbeitslose« folgte wieder eine stilisierte Szene im Preußenlager, um die weitere Entwicklung zu schildern und das nächste Liedthema vorzubereiten. Später genügte dazu ein einziger erklärender Satz, der der »Ballade von den zwei ruhmlosen Generalen« vorangestellt wurde.

MOLTKE *(diktiert):*
Am Zwoundzwanzigsten Januar
stellt sich so die Laje dar:
Die Rejierung will verhandeln,
sie bejinnt schon anzubandeln.
Leider is det Volk dajejen,
tut zum Rathaus sich bewejen.
Doch, ich hör, dort schießt man schon
auf die Volksdemonstration.
Außerdem berichtet man,
schlug irjendwer Plakate an,
darauf steht sich, frech und kühn:
Alle Macht an die Commune.
Sajen Sie selber, lieber Bismarck,
ist das nicht ein bißchen stark?
(telegrafiert)
28. Jänner einundsiebzich:
Melde jehorsamst, Rejierung erjibt sich.
Doch hat sich das Volk von Paris getrennt
von seinem eigenen Parlament.
Es ist zum Kotzen, wo führt denn das hin,
wo bleibt denn da die Disziplin?

Am 18. März:
Doch die Waffen des Volkes abzusammeln
ist schon dabei, wie ich seh' und hör',
der neue Regierungschef, Monsieur Thiers.

Nach dem »Wahlaufruf der Kommune«, der ja nur das Zitat eines historischen Dokuments ist, und nach dem einige Qualitäten des neuen Demokratieverständnisses auflistenden Lied »Was ist die Kommune?« fiel noch einmal ein Scheinwerferstrahl auf das Preußenlager, um die Auswirkung des Pariser Geschehens zu illustrieren.

MOLTKE *(diktiert):*
Sajen Sie selber, lieber Bismarck,
ist das nicht ein bißchen stark?
Kaum bezwingt man ne Rejierung.
schon üwanimmt det Volk die Führung.

Da nun also klar war, daß die Herrschenden auf keine Hilfe von außen hoffen konnten, folgte an dieser Stelle die Moderation: »Am 18. März flüchtet die französische Regierung unter Thiers nach Versailles . . .« Und dann erst folgte in der Urfassung das »Lied vom Gespensterzug« . . .

Dem »Chanson vom letzten Kampf der Kommunarden« folgte in der Urfassung ein Lied, das das blutrünstige Wüten der rächenden Bourgeoisie schilderte, in den Zeilen des Refrains jedoch das Schlußlied »Tot oder lebendig« vorwegnahm.

LIED VON DER BLUTIGEN WOCHE

Und als das Volk gebrochen
und überwältigt war,
wie brannte fast zwei Wochen
die Wut der Bourgeois.
Und sucht einer Vergleiche,
muß weit zurück er fahren,
bis zu dem römischen Reiche,
dem Wahnsinn der Cäsaren.

> Ja, die Kommune stirbt, ihr könnt sie töten.
> Doch was sie tat, kann nicht mehr untergehen.
> Eure Rache kommt zu spät, um euch zu retten,
> was hier begonnen hat, wird weitergehen.

Die Freiheit war vernichtet
von Bürger und Besitz.
Es wurde hingerichtet
mit schwerem Feldgeschütz.
Den Tiefpunkt der Epoche

man das Massaker hieß,
das war die blutige Woche
im blutigen Paris.

> Ja, die Kommune stirbt, ihr könnt sie töten,
> doch was sie tat, wird nie mehr wegradiert.
> Eure Rache kommt zu spät, um euch zu retten,
> was hier begonnen hat, wird fortgeführt.

Folgerichtig zeigte die Urfassung an dieser Stelle – sozusagen als Gegenbewegung zu dem dynamisch inszenierten »Lied vom Gespensterzug« – die Rückkehr der »Gespenster« nach Paris als »Can-Can der Vampire«. Die Optik und Choreographie nahm bedenkenlos Anleihen bei den bildenden Künsten (bei Tolouse Lautrec und Auguste Renoir), die Musik bediente sich der »Urmelodie« des Can-Can von Jacques Offenbach, wobei auf die klassenmäßig richtige Zuordnung der zitierten Musik – wie überall in der »Proletenpassion« – besonders geachtet wurde.

CAN-CAN DER VAMPIRE

Jetzt
kommen die Vampire
aus dem Notquartiere
doch wieder zurück!
Oh, welch ein Glück,
welch Augenblick!

Das
ging ja nochmal gut aus.
Jetzt bricht unsere Wut aus,
jetzt ist Rache süß!
In ganz Paris
hat jeder Schiß.

> Ha, jetzt sind wir wieder da,
> auf geht's mit Tschinbumm-Trara,
> wie vorher,
> noch viel mehr,
> und das Volk rührt sich nicht mehr.

»Can-Can der Vampire«: Lukas Resetarits und Erwin Steinhauer bei der Generalprobe in der »Arena«.
(Fotograf unbekannt.)

Die
Toten werden viel sein
und für lange still sein
mit ihrem Gesang.
Nur unsere Bank
lebt, Gott sei Dank.

Wir
streifen jetzt mit Grinsen
ein die Zinseszinsen
unserer alten Macht,
nach neuer Schlacht.
Wär ja gelacht.
Wer Wickel macht,
wird umgebracht.

    Ha, jetzt sind wir wieder da,
    auf geht's mit Tschinbumm-Trara,
    wie vorher,
    noch viel mehr,
    und das Volk rührt sich nicht mehr.

HINZUGEFÜGTE LIEDER

Zwei Jahre nach der Uraufführung produzierte das österreichische Fernsehen eine Station aus der »Proletenpassion«, die »Pariser Kommune«, wobei zwei zusätzliche Lieder entstanden. Das Lied »Die Kommunarden von Paris« sollte einzelne Schicksale aus der anonymen Masse der Kommunarden herausheben. Wie in der Station über die Bürgerliche Revolution das Lied »An unser aller Feuer« die grundverschiedenen Klasseninteressen schilderte, die sich um das Feuer der Revolution scharten, so sollte hier gezeigt werden, wie eine Klasse, das Proletariat, verschiedene sehr starke Individualisten in der Notwendigkeit eines gesellschaftlichen Kampfes vereint.

Es war uns nämlich erst in den vielen Diskussionen nach Konzerten aufgefallen, daß sich bei dieser Station unbeabsichtigt, aber mit innewohnender Gesetzmäßigkeit, eine eigenständige Dramaturgie entwickelt hatte: Wir wollten »Die Kommune« schildern, und so war sie auch zur Hauptperson ohne individuelle Ausformung geworden, das Kollektiv stand an der Stelle des Protagonisten. Die Feindfiguren hatten wir – wenn auch als Karikaturen – charakterisiert, somit auch individualisiert, die Kommune aber, unser politisches Vorbild, marschierte als gesichtsloser Block daher.

Im »Kampf um die Köpfe« zwischen Großbürgertum und Proletariat war »die Gleichmacherei der Roten« immer ein gängiges Argument gewesen, und in den späten siebziger Jahren, der Zeit Mao Tse-tungs und der »Roten Garden«, kam noch die Auswirkung des Schreckensklischees der »blauen Ameisen« dazu. Die Massenaufmärsche der proletarischen Kultur in der ersten Hälfte des Jahrhunderts waren nicht nur ein Bürgerschreck gewesen, sondern auch eine brauchbare Grundidee für die gigantomanischen Inszenierungen der Faschisten.

Die Industrialisierung, also das Bürgertum selbst, hatte sich diese Massen zwar geschaffen, für die Produktion wie auch als Absatzmarkt, in dem Augenblick, in dem diese Masse auch als eine solche reagierte (das heißt, sich organisierte), »ging ein Gespenst um in Europa«, und die bürgerliche Ordnung fühlte sich zu Recht bedroht. Der Spannungsbogen zwischen dem absoluten »Ich« und dem kategorischen »Wir« bestimmt im wesentlichen die politische Entwicklung und Polarisierung der Welt.

Deshalb sollte ein Lied einige einzelne herausheben aus der Masse der Kommunarden. Um es vorwegzunehmen, das Lied scheiterte an seinem Anspruch.

Das Lied hatte eine bezeichnende Vorstrophe, die später gestrichen wurde:

Gesichter hat die Geschichte. Augenblicke,
Augen und Blicke, sie schlagen die Brücke
über den Abgrund der Zeit. Sie treffen dich rot.

Vergrab' uns in deinem Gedächtnis,
erfüll' unser Vermächtnis,
mach' sinnvoll unseren Tod ...

DIE KOMMUNARDEN VON PARIS

Duval, der Gießer, brennt vor Zorn.
Bei vielen Streiks. Oft im Verlies.
Auf den Barrikaden immer vorn.
Im Kampf verblutet. – Kommunarde von Paris.

Eugene Pottier, Packer und Arbeitersohn.
Nationalgarde-Führer, im Rat überdies.
Zum Tode verurteilt. Nach England gefloh'n.
Schrieb die »Internationale«. – Ein Kommunarde von Paris.

Oder Leon Frankl, aus Deutschland gekommen.
Als Fremder im Rat der Kommune von Paris.
Ein Dekret nach dem andern ... Viel vorgenommen!
Kämpft mit dem Kopf. – Kommunarde von Paris.

Oder Louise Michél, Gewehr in der Hand,
führt die kämpfenden Frauen. »Vorwärts, Frau, schieß'!«
Besiegt. Und verbannt nach Pfefferland.
Hört nie zu kämpfen auf. – Kommunardin von Paris.

Oder der Knabe auf der letzten Barrikade,
von dem niemand weiß, wie er eigentlich hieß.
Besiegt, spuckte er stolz auf seiner Sieger Gnade,
an der Mauer neben den andern – Kommunarde von Paris.

Wenn ich dieses Lied nun aus der zeitlichen Distanz von mehr als einem Jahrzehnt betrachte, gewinne ich mehrere bitter schmeckende Erkenntnisse. Zunächst einmal muß ich mir einge-

»Achtung — Klappe!«
Aus der Station »Die Pariser Kommune«
wurde ein eigener Fernsehfilm.
(Foto: ORF-Archiv.)

stehen, daß wir das Lied wohl zu Recht später wieder aus dem Konzertablauf entfernten – aus Mangel an literarischer Qualität, eine Folge des Zeitdrucks bei der Erarbeitung der Fernsehfassung.

Darüber hinaus sehe ich aber auch, daß man in der Kunst des Komprimierens zu weit gehen kann, denn in Wirklichkeit könnte jeder einzelne dieser hier genannten Kommunarden mit seiner Biographie spannende Bücher und große Schauspiele füllen. Statt dessen verhält sich der Text dieses Liedes wie die Boulevardpresse und verzerrt schlagwortartig.

Ich denke dabei, um nur ein Beispiel zu nennen, an Louise Michél, jene Lehrerin an einer Provinzschule, die zur Revolutionärin wurde. Sie führte das Frauenbataillon der Kommune und war so populär, daß die Sieger sie nicht hinzurichten wagten. Sie wurde dorthin verbannt, »wo der Pfeffer wächst« – zu den Kanaken, worauf dort bald darauf der »Kanakenaufstand« losbrach. Und soeben – während ich diese Sätze schreibe, also hundert Jahre später – melden die Weltnachrichten aus dem Radio, daß dieser Aufstand noch immer nicht zu Ende ist, daß die Glut noch schwelt...

Das andere, später entstandene Lied wurde durch den Glücksfall einer besonders gelungenen Komposition geadelt. Es bezieht sich in seinem Refrain auf einen Text von Heinrich Heine, der seinerseits einen historischen Kampfruf zitierte: »Friede den Hütten, Krieg den Palästen!«

Während mein Text sich mit dem Zitat dieser beiden Zeilen begnügen wollte, bestanden die »Schmetterlinge« auf dem kompletten Zitat und setzten sich auch durch, denn schließlich hatten sie als Sänger auch das letzte Wort. Sie sangen:

Friede den Hütten,
Krieg den Palästen!
Tod der Not und dem Müßiggang!

Worauf sie prompt in vielen Diskussionen erklären mußten, daß sie unter Müßiggängern weniger die antagonistisch zur Leistungsgesellschaft lebenden Blumenkinder, als vielmehr die Kuponschneider verstanden hätten...

DAS LIED VOM 18. MÄRZ

Die Sonne steht auf und steht still.
Auf den Schultern der Stadt
- Montmartre, Belleville –
sammelt sich, was Beine hat.

Die Armee der Armen von den Hügeln
strömt hinunter in die reiche Stadt.
Helle Rufe steigen wie mit Flügeln
in den Tag, der kam, den Tag der Tat.

    Friede den Hütten
    Krieg den Palästen!

Es schrecken aus der Fiebernacht
die hohen Herrn des Staats,
die ihren Handel mit dem Feind gemacht,
Regierung des Verrats.

Denn die Kanonen hat das Volk gehalten
und Rufe fahren nieder aus der Höh',
da flieh'n die Herren vor den Voksgewalten
ins Ministerium am Quai d'Orsay.

    Friede den Hütten
    Krieg den Palästen!

Ein bewaffnetes Arbeiterheer
durchtrommelt den 18. März,
Gardisten mit blankem Gewehr...
Da sinkt den Verrätern das Herz.

Sie hatten doch Soldaten ausgesendet,
und zurück kehrt ein Volksbataillon.
Da ist die Regierung beendet,
packt die Koffer und trollt sich davon.

    Friede den Hütten
    Krieg den Palästen!

Es kommen die Sterne geritten,
die Sonne fällt in den Westen.
Und Friede ist in den Hütten!
Und Krieg ist in den Palästen!

Und rot sind die Farben, die tiefen,
die dieser Märzabend hat:
Es haben Besitz nun ergriffen
die Pariser von ihrer Stadt.

    Friede den Hütten
    Krieg den Palästen!

DIKTATORIE UND DEMOKRATUR

Nicht alles in der besetzten »Arena 76« erinnerte nur an die bürgerlichen Revolutionen, es gab auch Qualitäten, die viel mit unserer Erarbeitung der »Pariser Kommune« zu tun hatten, beispielsweise die vielfältigen basisdemokratischen Vorgänge, auch wenn diese sich mit all ihren Schattenseiten präsentierten: Endlosdiskussionen, schwerfällige Willensbildungen, organisatorische Wirrnisse und egozentrische Selbstdarstellungen, die die Gemeinschaft ertragen und tolerieren mußte.

In dieser Station hatten wir jedenfalls auf eine auch mögliche, ja weit »demokratischere« Demokratieform – als die im bürgerlichen Denken verankerte – hingewiesen, und das mag für manchen Betrachter und Rezensenten ein politischer Schock gewesen sein. Wir waren da auf einem Gelände unterwegs, das sich mit gesungenen Texten allein nicht durchschreiten ließ.

Die Station »Pariser Kommune« endete schließlich mit einem Zitat von Friedrich Engels, in dem dieser formuliert, was die »Kommune« eigentlich gewesen sei – nämlich die »Diktatur des Proletariats«.

Es war klar ersichtlich, daß der Begriff »Diktatur« in unserer Gegenwart, nach den durchlittenen totalitärsten Diktaturen der bisherigen Geschichte, mit dem Ballast einer Bedeutungsverschlechterung beschwert war, die das neunzehnte Jahrhundert sich noch nicht träumen ließ.

Als Engels die Qualität der »Kommune« auf seine Art erklärte, wollte er eine Revolution beschreiben. Was soll eine Revolution denn anderes sein, als ein Kippen der Pyramide der Macht? In der »Pariser Kommune« war die Diktatur der Bourgeoisie ersetzt worden durch die »Diktatur des Proletariats«, und wenn wir die Definition ernst nehmen wollten, so hatten wir ja eine Station lang die neue Qualität dieser »Diktatur« geschildert, und laut unseren Recherchen war das eben eine Weiterentwicklung der Demokratie zu einer neuen Dimension.

Im Grunde hielten wir an dieser Stelle zwei Demokratieformen abwägend in Händen – Räterepublik und Parteiendemokratie. Damit befanden wir uns genau in jener historischen Entscheidungssituation, in der sich schon viele Vorgänger befunden hatten, zum Beispiel sämtliche Gründungsmitglieder der sozialdemokratischen Parteien.

Ganz ähnlich, wie die europäische Ignoranz der Kolonialzeit neben der eigenen exportierten und der übrigen Welt aufgezwungenen Barbarei der industriellen Zivilisation keine andere Kultur gelten lassen konnte, hält der moderne Kapitalismus der hochindustrialisierten Länder (und nur diese Länder leisten sich den Luxus voll entwickelter parlamentarischer Demokratien) die Parteiendemokratie für die einzig zulässige Demokratieform.

Die unter dem Stichwort »Pluralismus« in den Parlamenten vertretenen Lobbies sind nach dem Vorbild der Französischen Nationalversammlung die Vertretungen der unterschiedlichen gesellschaftlichen Interessen, de facto aber bedingt das System den Konsens, den Kompromiß, die Nivellierung der unterschiedlichen Positionen und Interessen in einem möglichst breiten Mittelblock, einem politischen »mainstream«, der in jene Richtung »fließt«, die der herrschenden Kraft dienlich ist – sei diese nun eine definierte Klasse oder anonym akkumuliertes Kapital in multinationalen Konzernen.

Je wohlhabender ein hochindustrialisiertes Land ist, desto dicker ist die an der Akkumulation teilhabende Mittelschicht der »Statthalter der Macht«, desto besser funktioniert diese Demokratieform.

Auf der anderen Seite zeigten uns die historischen Beispiele der Räte zwar idealisierte Ausformungen direkter Demokratie, zugleich aber auch deren Wirkungsgrenzen. Macht war hier zwar direkt von unten her kontrollierbar, aber nur in den kleineren, überschaubaren Einheiten, sonst wäre ein Stalin – und was man heute unter Stalinismus versteht – ebensowenig möglich gewesen wie alle jeweils nationalen Personenkulte, von Kim Il Sung bis Ceausescu, die – jeder für sich und alle gemeinsam – die Weiterentwicklung des Sozialismus wie auch der Demokratie um Generationen zurückwerfen und die sich deshalb mit mehr Recht als jeder kapitalistische Konservative den Titel »Reaktionär« in ihre Grabsteine meißeln lassen können...

Wir hatten es also thematisch mit einem noch nicht ausgeformten Idealbild zu tun, von dem wir nur wußten, daß wir weder auf die in der einen Form erkämpften Rechte, noch auf die in der anderen Form enthaltenen Möglichkeiten verzichten wollten.

Dies etwa versucht das »Demokratielied« im Epilog der »Proletenpassion« mit der Zeile »...Wir wollen mehr, mehr, mehr Demokratie!« auszudrücken. Auch der Text »Die kleine Demokratie«[1] bezieht sich darauf.

DIE KLEINE DEMOKRATIE

Was trippelt da in Söckchen
und mit zerschrammtem Knie,
in einem weißen Röckchen?
Die kleine Demokratie!

Im Babyflaum, dem zarten,
ein rosa Schleifelein.
Ist nicht im Kindergarten,
ist dafür noch zu klein...

Will sich nicht fortentwickeln
und pubertiert wohl nie,
hat Krätze und hat Pickeln,
die kleine Demokratie.

Man ruft sie oft beim Namen,
sie ist ein wahrer Schatz,
und viele Tränchen schwammen
in ihren Schlabberlatz.

Sie strampelt mit den Beinchen
und alle mögen sie,
am liebsten so als Kleinchen,
die kleine Demokratie.

Sie schaukelt in der Wiege
noch tausend Jahre mehr,
und nuckelt an der Lüge,
daß sie erwachsen wär'.

IST IRREN UNMENSCHLICH?

Die »Kommune« hatte, wie es im Lied heißt, zwar »nur dreißig Tage Zeit«, wir aber hatten eine wesentlich längere Spanne als Produktionszeit für die »Proletenpassion« zur Verfügung, dazu kiloweise Material, Dokumentationen, Analysen, Berichte und Einschätzungen, und hätten dennoch bestimmte »Fehler der Kommunarden« nur schwer vermeiden können.

Das »Lied der Fragen« war uns schon deshalb wichtig, weil die folgende Station mit dem Titel »Die Lehren der Kommune, gezogen in Rußland im Oktober 1917« beweisen will, daß wir aus historischen Fehlern lernen können. Der Sinn unseres ganzen Projekts schien uns von der Stimmigkeit dieser These abzuhängen.

Tatsächlich zählt das Lied einige sehr einleuchtende Fehler auf, etwa die Tabuisierung der Nationalbank oder den Verzicht auf die Belagerung von Versailles. In einem bestimmten Punkt stehe ich heute unserem »Lied der Fragen« selbst fragend gegenüber. Daß die Kommunarden ihre Feinde ungeschoren entkommen ließen, legte – wie wir aus heutiger Sicht leicht wissen können – den Grundstein zu ihrer blutigen Niederlage, ob aber die Liquidation dieser Feinde – und das wäre ja die Alternative gewesen – damals das richtige politische Verhalten gewesen wäre, ist mehr als fraglich.

Ja, vielleicht hätte die historische Episode tatsächlich einen anderen Verlauf genommen. Aber eine Kommune, die nicht auch in ihrer humanistischen Ethik eine neue Qualität vertreten hätte, wäre in dieser Hinsicht ja austauschbar mit ihren Feinden gewesen. Wir hätten dann wahrscheinlich auch kaum das historische Vorbild wahrgenommen und demnach gewiß auch kein Lied darüber gesungen...

V
DIE LEHREN DER KOMMUNE, GEZOGEN IN RUSSLAND IM OKTOBER 1917

Rotarmisten nach dem Sieg der Revolution.

Pathos der Parias – Mythos der Mächtigen
151

Ein historischer Überblick
154

Die gültigen Texte
156

Lieder der ursprünglichen Fassung
166

Das fehlende Stalin-Lied
170

PATHOS DER PARIAS –
MYTHOS DER MÄCHTIGEN

Eine besondere Schwierigkeit während der gesamten Arbeit an der »Proletenpassion« war die Auseinandersetzung mit dem Pathos in seinen verschiedensten Ausformungen, konkret gesprochen in den Formen der diversen Epochen. Das Wort (aus dem Griechischen) bedeutet »Leiden«, übertragen aber wohl auch »Leidensfähigkeit« oder »Leidensausdruck«. So gesehen paßte es aber viel mehr, als wir es uns wünschten, zu einer »Passion«...

Wir gruben das Pathos des bürgerlichen Triumphs aus, das glorios den gescheiterten bürgerlichen Revolutionen folgte und zugleich das Pathos der industriellen Revolution, der technischen und der naturwissenschaftlichen Entwicklung, des bürgerlichen Sieges über den absolutistischen Feudalismus war.

Jede europäische Stadt ist gerammelt voll mit den pathetisch möblierten Plätzen und Parks dieser Epoche, in Wien haben wir den Prunk der Gründerzeit, den die Schwelgereien Makarts so üppig darstellen, sowie den gesammelten Kitsch öffentlicher Gebäude in Pseudo-Stilen als Anschauungsmaterial.

Das Pathos der Wiener Revolution von 1848 zeigte sich zum Beispiel in der Gestaltung der Barrikaden, die in der Form von Altären gestaltet und jeweils einem Mitglied des Kaiserhauses gewidmet waren.

Das Pathos der Kommunarden von Paris war von der (gerade erst erfundenen) Fotografie dokumentiert worden. Stolz standen sie vor ihren Barrikaden, und ebenso stolz standen sie kurz vor ihrer Erschießung an der Mauer. Ihre Feinde aber nützten die neue fotografische Kunst, um ihre Jagdstrecke zu dokumentieren: abgeschlagene Köpfe von Kommunarden...

Wann immer in jenen Zeiten ein Mensch – mochte es nun ein General, ein Rebell oder ein wilder Indianerhäuptling sein – in ein Kameraauge blickte, dann tat er das mit dem sicheren Bewußtsein, daß hundertzwanzig Jahre später womöglich ein anderer Mensch dieses Bild betrachten würde. Er blickte deshalb ernst, forschend, wissend, »pathetisch« in die Kamera und versuchte dadurch, über den Abgrund der Zeit hinweg die Botschaft seiner Präsenz zu überbringen.

Aus diesem Grund gibt es vermutlich auch das »Beutefoto« des Jägers, die Bilddokumentation des Siegers – im Falle der Sieger über die »Pariser Kommune« aber zum ersten Mal in der Geschichte fotografierte »menschliche Beute«...

Das Pathos des Nationalismus ist in seiner österreichischen Ausformung zum Beispiel in Karl Kraus' »Die letzten Tage der Menschheit« eindrucksvoll dokumentiert.

Das Pathos der organisierten Arbeiterbewegungen in der ersten Hälfte des zwanzigsten Jahrhunderts ist gerade im »roten Wien« noch in den Signalen der Architektur und der Skulptur erkennbar. In den Archiven ruhen noch die Zeugnisse großer pathetischer Massenbewegungen, etwa bei der »Arbeiterolympiade«.

Und spätestens hier und im folgenden Pathos des Faschismus, der ja Symbolik und Inszenierung von den Organisationen der Arbeiter mühelos übernehmen konnte (gerade weil das Pathos »hohl«, das heißt inhaltslos ist), zeigt sich die gefährliche politische, massenlenkende Dimension des Pathos.

Bei der Arbeit an der »Proletenpassion« war das Pathos der verschiedenen Epochen einfach Arbeitsmaterial, das wie viele andere historische Erscheinungen dokumentiert oder zitiert wurde. Nicht immer wurde aber verstanden, daß wir mitunter Pathos genau so verwendeten, wie an anderer Stelle eben Freude, Trauer, Verzweiflung oder auch Kostüme, Masken, Farben oder Schatten...

Besonders bei der Schilderung der Oktoberrevolution billigte man uns aber offenbar die künstlerische Distanz nicht zu, die etwa ein Maler zu seinem Bild haben muß, um es überhaupt gestalten zu können. So sind, glaube ich, jene Kritiken zu verstehen, die ein »Parteitagsspektakel« oder ähnliches sahen.

Ein gutes Beispiel für ein solches »dokumentiertes Pathos« ist meiner Meinung nach das mitreißende Lied »Die Erstürmung des Winterpalais«.

Ein anderes, aber zugleich viel mißverständlicheres Beispiel, das in der Folge seine eigene Problematik entfalten sollte, ist »Das Lied von der Partei«. Es greift noch einmal die Thematik der Fehler der Kommune auf und will beweisen, daß durch die Vermeidung dieser Fehler diesmal eine neue historische Qualität in der gesellschaftlichen Entwicklung der Menschheit erreicht wurde. Dieses »Prinzip Hoffnung« sollte zugleich die Sinnhaftigkeit der »Proletenpassion« beziehungsweise unserer Arbeit daran aufzeigen.

Die Rezeption der Oktoberrevolution durch die Arbeiterklasse der übrigen europäischen Länder war von starker Euphorie gekennzeichnet. Interessierte sollten sich einmal aus den Archiven der Bibliotheken zeitgenössische Zeitungen – etwa die »Arbeiter-Zeitung« – ausheben lassen.

Der Euphorie und dem Pathos der gesamten Linken standen wütende Haßausbrüche der Bourgeoisie gegenüber, gegen die der heute übliche Kommunistenhaß direkt freundlich wirkt.

Man könnte also das Pathos, das das »Lied von der Partei« transportiert, als »hergezeigtes«, dokumentierendes Pathos verstehen, das formal auf einst nachweisbar wirksame Gefühlsgezeiten unserer Geschichte verweist.

Dies einmal akzeptiert, müßte auch die Aussage des Liedes, daß sich nämlich die Proletarier erst durch ihre Organisation als neue historische Kraft erwiesen, logisch und verständlich sein, dachten wir...

Es kam aber ganz anders. Die Sozialdemokraten knirschten an dieser Stelle in den Konzertsälen hörbar mit den Zähnen, die Sozialisten nickten skeptisch, die Kommunisten applaudierten, die Maoisten spalteten sich in diverse Fraktionen, die Trotzkisten schüttelten die Fäuste – und der Rest die Köpfe.

In späteren Konzerten – etwa nach dem zehnten Jahr »Proletenpassion« – veränderten die »Schmetterlinge« bei diesem Lied die Moderation. Bisher hatten sie darauf hingewiesen, daß wir als Produktionsgruppe bezüglich Sowjetunion und KP ganz unterschiedliche Ansichten hatten und daher keine gemeinsam getragene Aussage treffen wollten, nun aber fügte Willi Resetarits an dieser Stelle hinzu, daß die Sänger den Refrain des Liedes verschieden betonen würden – einmal pathetischer Proletkult, einmal mit Fragezeichen versehener Intellektualismus...

EIN HISTORISCHER ÜBERBLICK

In komprimierter Form gab das Textheft Auskunft über die wichtigsten historischen Ereignisse:

Die Oktoberrevolution 1971 konnte nur gelingen, weil das russische Volk aus den taktischen Fehlern der Pariser Kommune gelernt hatte.

Rußland um 1900: Der Widerstand der geknechteten Bevölkerung gegen die Obrigkeit wächst. Arbeitsniederlegungen in den Fabriken sind an der Tagesordnung, in verzweifelten Einzelaktionen entlädt sich der Zorn der Unterdrückten. Gezielte politische Arbeit ist durch den Umstand erschwert, daß sozialistische Organisationen als illegal gelten und ständigen Verfolgungen ausgesetzt sind.

Zar Nikolaus II. bietet alle verfügbaren Repressionsinstrumente auf, um sein fortschrittfeindliches, autoritäres Regime am Leben zu erhalten. Als die inneren Spannungen auf dem Siedepunkt angelangt sind, entschließt er sich zu einem riskanten außenpolitischen Abenteuer und erklärt Japan (1904/05) den Krieg. Nach einer Serie vernichtender Niederlagen erlebt er 1905 erstmals den offenen Aufruhr seiner Untertanen. Nur mit Militäreinsatz kann er die »Ordnung« wieder herstellen.

Im August 1905 setzt der Zar die Reichsduma (Parlament) als beratendes Organ ein. Aber was zunächst wie ein Schritt zur Demokratisierung aussieht, erweist sich als raffinierter Schachzug. Der Zar tauscht die Mitglieder seines Scheinparlamentes nach Belieben aus – im wesentlichen bleibt alles beim alten.

In all diesen Jahren hatte die bolschewistische Partei unter Lenin intensive politische Aufklärungsarbeit geleistet. 1903 war es zum offenen Bruch mit der menschewistischen Fraktion gekommen, die eine kleinbürgerliche, kompromißlerische Linie verfolgt. Lenin erkennt, daß eine solche Partei die wirklichen Interessen des Volkes nicht vertreten kann. Sein Ziel ist der Sturz des Zarismus, die Niederwerfung der Bourgeoisie, Abschaffung des Kapitalismus sowie die Errichtung einer allrussischen Räterepublik.

1914 greift Rußland als Verbündeter der westlichen Alliierten in den Ersten Weltkrieg ein. Die Bolschewiki sind die einzige sozialistische Partei Europas, die sich gemäß den Beschlüssen der 2. Internationale gegen den imperialistischen Weltkrieg wendet.

Die russische Armee erleidet Niederlagen, die Soldaten erfrieren und verhungern in den Schützengräben. Große Teile der Bevölkerung fordern die Beendigung des aussichtslosen Krieges. 1917 wird der Zar zum Rücktritt gezwungen. Die provisorische, bürgerliche Regierung unter Kerenskij übernimmt die Amtsgeschäfte. Die Hoffnung, daß es dieser Übergangsregierung gelingen werde, den Krieg zu beenden, erfüllt sich nicht.

Lenin kehrt im April 1917 aus dem Exil zurück. Am 6. und 7. November stürmen Petersburger Arbeiter, Soldaten und Matrosen den Winterpalast, den Sitz der provisorischen Regierung. Bereits am nächsten Tag wird die Räteregierung ausgerufen.

Die ersten Maßnahmen der siegreichen Bolschewiki: entschädigungslose Enteignung der Großgrundbesitzer sowie ein Angebot zur sofortigen Beendigung des Krieges an alle kriegführenden Mächte. Im März 1918 wird der Friede von Brest-Litowsk unterzeichnet. Der Friedensvertrag beinhaltet harte Bedingungen.

In den folgenden Jahren muß sich die Sowjetunion gegen ausländische Invasoren behaupten. Eine Million Soldaten aus vierzehn verschiedenen Staaten umzingeln die junge Sowjetrepublik. Die Westmächte wollen die Herausgabe der verstaatlichten Minen und Ölquellen erzwingen, zu deren Finanzierung sie seinerzeit beigetragen hatten. Erst als sich die Sowjetregierung bereit erklärt, den Handel mit den Siegermächten zu intensivieren, ziehen diese ihre Truppen aus den besetzten Gebieten ab. Aber der Bürgerkrieg – der Kampf gegen die Konterrevolution im eigenen Land – setzt sich fort...

Unsere Probleme mit diesem Thema: Wir hatten uns vorgenommen, im Rahmen dieser Station auch auf die heutige Rolle der Sowjetunion einzugehen. Daß es, zumindest in der vorliegenden Fassung, noch nicht dazu gekommen ist, liegt daran, daß in dieser Frage sehr unterschiedliche Meinungen innerhalb der Arbeitsgruppe vertreten werden.

Da wir von vornherein keinen Zweifel daran gelassen haben, daß die Proletenpassion das Ergebnis einer k o l l e k t i v e n Arbeit ist, erscheint es uns nicht richtig, Aussagen zu machen, die nicht von allen Mitarbeitern unterschrieben werden können.

DIE GÜLTIGEN TEXTE

LÄRM UND STILLE

Manchmal kann es geschehen,
hörst du den Puls der Welt,
als blieben die Wolken stehen,
wie wenn die Erde ihr Drehen
und ihren Atem anhält.

ES FÄLLT EIN SOLDAT BEI TARNOPOL

Es fällt ein Soldat bei Tarnopol,
weiß nicht, wofür er sterben soll.
Sag, Vaterland, was dich bewog,
daß man dich in den Weltkrieg zog.
Nur weil Frankreichs Kapital
deine Kohle hat und deinen Stahl?
Es ist bei Baku ein ergiebiger Quell,
es hat Englands Bank die Hand auf dem Öl.
Vielfach verflochten ist das Monopol,
darum fällt der Soldat bei Tarnopol.

BABOUSCHKA-LIED

Wo sind deine sieben Söhne geblieben,
Babouschka, Babouschka,
hast du sie heute schon gezählt?

Einer ist Bauer 'blieben, arm und verachtet,
der Großbojar hat ihm sein Land verpachtet,

das bezahlt er mit Arbeit und eigenem Pflug
und seiner halben Ernte, das ist ein Betrug.

Einer ist Soldat 'worden, kämpft für den Zaren,
muß in fremde Länder und zur Hölle fahren.

»...Vielfach verflochten ist das Monopol,
darum fällt der Soldat bei Tarnopol...«,
singt Willi Resetarits.
(Fotograf unbekannt.)

Einer ist Matros' 'worden, fährt auf'm Schwarzen Meer,
das ist ihm alles lieber, als wenn er Bauer wär'.

Wo sind deine sieben Söhne geblieben,
Babouschka, Babouschka,
hast du sie heute schon gezählt?

Einer ging zur Eisenbahn, baut die lange Strecke,
hackt sich durch das weite Land, schläft in einer Ecke.

Einer ging nach Petersburg, wollte nimmer ackern,
gießt jetzt die Kanonenrohr', muß 14 Stunden rackern.

Einem paßt die Welt nicht mehr, wollte revoltieren,
den schickte der Zar Nikolaus weg zu den Sibiren.

Den siebten Sohn, den habe ich versteckt vor allen
  Frommen,
damit sich einer rühren kann, wenn neue Zeiten kommen.

LIED VOM HAUSBAU

Meine Brüder, weitverstreut
mögt ihr auch sein,
denkt daran, die neue Zeit
kommt nicht von allein.

Im alten Staat regier'n die Herren
mit ihrem Apparat,
und den werden wir zerstören,
um ihn ist nicht schad.

Der alte Bauplan taugt uns nicht
für den neuen Staat.
Neues Werkzeug brauchen wir
und Pläne für die Tat.

Haben wir Werkzeug nicht dabei,
müssen wir es finden.
Gibt es keine Kampfpartei,
müssen wir sie gründen.

»Wo sind deine sieben Söhne geblieben?«
Das Babouschka-Lied.
(Foto: H. W. Braun.)

Die muß unser Hammer sein,
Hobel und Plan,
sonst stiehlt man uns die Freiheit weg,
noch eh' sie begann.

Meine Brüder, sammelt euch,
wo immer ihr auch seid,
einig bauen wir jetzt und gleich
das Haus der neuen Zeit.

LIED DER KLEINGLÄUBIGEN

Genossen, laßt es bleiben,
macht endlich euren Frieden,
wie die Dinge treiben,
verlieren wir ganz entschieden.

Löscht die Sturmlaternen,
trauert um die Toten,
greift nicht nach den Sternen,
schon gar nicht nach den roten.

> Ausgerechnet hier, ausgerechnet wir,
> in Rußland gelingt uns das nie.

Macht Deutsche und Franzosen
zuerst Revolution,
zeigt es Englands Bossen,
wir folgen euch dann schon.

Ja, in den Staatskolossen
industrieller Macht,
dort soll'n uns die Genossen
mal zeigen, wie man's macht.

> Ausgerechnet wir, ausgerechnet hier,
> in Rußland gelingt uns das nie.

JALAVA-LIED

Von Sonn' und Kessel schwarzgebrannt
und auch vom scharfen Wind,
steht Jalava am Führerstand,
wo Dampf und Flammen sind.

Sein neuer Heizer ist dabei,
der ihm das Feuer nährt,
auf der Lokomotive zwei-neun-drei,
die heut' nach Rußland fährt.

Ein kleiner Mann von schmalem Bau,
der werkt dort auf der Brücke,
Ruß im Gesicht, das Haar ist grau –
es ist eine Perücke.

    Jalava, Jalava, du Finne,
    was lachst du so gegen den Wind?
    Ich lache, weil meine Sinne
    alle beisammen sind,
    und weil wir weiterkamen,
    und weil die Welt sich dreht,
    und weil mein Heizer von Flammen
    und Dampfkesseln was versteht.

Sie dampften ein in Beloostrow,
wo Schocks von Offizieren
die Züge auf dem Grenzbahnhof
penibel kontrollieren.

Sie prüfen jegliches Gesicht
bei ihrer Inspizierung,
doch sehen sie am Kessel nicht
den Staatsfeind der Regierung.

Jalava weiß, worum es geht,
und langsam dampft vorbei
am letzten Posten, der dort steht,
Lokomotive zwei-neun-drei.

    Jalava, Jalava, du Finne,
    was lachst du so gegen den Wind?
    Ich lache, weil meine Sinne
    alle beisammen sind,
    und weil wir weiterkamen,
    und weil die Welt sich dreht,
    und weil mein Heizer von Flammen
    und Dampfkesseln was versteht.

Da saust die Grenzstation vorbei,
die Birken stehen nackt,
die Lokomotive zwei-neun-drei
schnauft in erhöhtem Takt.

Und Jalava lacht in den Wind,
in den Oktoberregen.
Heizer, wenn wir drüben sind,
dann wird sich was bewegen.

Jetzt schneidet der Oktoberwind
die letzten Äpfel an,
die an den kahlen Bäumen sind
an der finnischen Eisenbahn.

    Jalava, Jalava, du Finne,
    was lachst du so gegen den Wind?
    Ich lache, weil meine Sinne
    alle beisammen sind,
    und weil uns die Fahrt in den Bahnhof
    hinter der Grenze führt,
    und Wladimir Illjitsch Uljanow,
    mein Heizer, die Flammen schürt.

ERSTÜRMUNG DES WINTERPALAIS

Es donnert ein Schuß von der Neva her,
das Signal der »Aurora« am Kai.
Auf, Matrosen und Arbeiterheer,
nichts rettet die Bürgerregierung mehr,
wir stürmen das Winterpalais.

Jetzt nehmen wir ihre letzte Bastion,
und wir stürmen in einem Karree.
Keinen Pardon für die Reaktion,
wir haben die Ämter und Bahnhöfe schon,
wir stürmen das Winterpalais.

Mann mit dem Hammer, laß dich nicht beirr'n,
ihr Matrosen der baltischen See,
das Volk läßt sich nicht mehr von Volksfeinden führ'n,
es wird sich ab heute selber regier'n.
Wir stürmen das Winterpalais.

WENN ICH WIEDER REICH BIN ...

Ach, wie war es doch vordem
in alten Zeiten so bequem,
da war die Welt noch heil.
Die Zeiten wurden bitter,
und meine herrlichen Güter,
die wurden aufgeteilt.
Wo sie sich einst begnügten
und meine Äcker pflügten,
da pflügen sie jetzt für sich.
Da gründen sie Kolchosen.
Wo zücht' ich meine Rosen?
Ich kränk' mich fürchterlich.

Ach, wie war es doch vordem
in alten Zeiten so bequem,
da war ich ein großer Herr.
Dann kamen die Bolschewiken,
und meine schönen Fabriken
gehörten mir nicht mehr.
Im Werk, das mir gehört hat,
bestimmt ein Sowjetrat.
Adieu, adieu, Profit!
Und dem Himmel sei's geklagt:
sie haben mich nicht einmal verjagt,
ich arbeit' auch noch mit.

Ach, wie war es doch vordem
in alten Zeiten so bequem,
da war ich noch beschützt.
Weit reichten meine Fäden,
der Staat war da für jeden,
der Kapital besitzt.
Jedoch das Volk marschierte,
und seit der Zeit diktierte
das Proletariat.
Wie konnten sie es wagen,
den Staat mir zu zerschlagen!
Jetzt hab' ich den Salat.

    Aber:
    Wenn ich wieder reich bin, wird es so wie früher sein,
    wenn ich wieder reich bin,
    wird es wieder so wie früher sein.

Und dann nehm ich, was mir einst gehörte,
und ich verbanne, was mich dabei störte,
auf die Art wird es wieder so wie früher sein...

LIED VON DER PARTEI

Es waren einmal, erinnert euch,
tausend Haufen im Deutschen Reich,
die wollten etwas ändern,
verstreut in allen Ländern.
Die Herren waren schneller,
behoben ihre Fehler,
vereinten unterm Beile
die ungeeinten Teile.
Und mit den Tricks, den alten,
will man uns wieder spalten,
doch diesmal läuft es andersrum,
weil wir zusammenhalten.

> Die Situation,
> die kennen wir schon.
> Was ist daran neu?
> Die Partei.

Und immer nach der letzten Schlacht,
da war der Bürger an der Macht,
und die kleinen Leute
waren wieder zweite.
Der Bürger holte mit Bedacht
sich in der allerletzten Schlacht
mit Pauken und Trompeten
die Waffen der Proleten.
Wenn's wieder ihn gelüstet,
daß er uns überlistet,
dann läuft es diesmal andersrum,
denn jetzt sind wir gerüstet.

> Die Situation,
> die kennen wir schon.
> Was ist daran neu?
> Die Partei.

Als einst Paris Kommune war,
vergaßen sie den Bourgeois,
der seine alte Welt
noch in den Krallen hält.
Es ahnte nicht der kleine Mann,
wer er ist und was er kann,
sah zwischen Elend und Bank
keinen Zusammenhang.
Doch heute kennt er des Bürgers Schmäh
genausogut wie ein Bankier,
denn diesmal läuft es andersrum,
wir stürmen das Winterpalais.

   Die Situation,
   die kennen wir schon.
   Was ist daran neu?
   Die Partei.

STILLE UND LÄRM

Als das Sowjetvolk den Sieg errang,
jagte durch den Äther wieder
eine große Stille, die tönend klang
wie große Pause, wie Fischgesang,
der Schrecken fuhr in alle Glieder.

Doch in der Vorstadt jeder Stadt,
wo Unterdrückte leben,
hält man jetzt den Kopf gerad':
»Laßt uns doch auf Lenin einen heben!«

LIEDER
DER URSPRÜNGLICHEN FASSUNG

In der Urfassung erklärte noch vor dem Babouschka-Lied ein anderes Lied die gesellschaftliche Entwicklung des Bürgertums in Rußland, im Refrain wurde die berühmte Melodie »Lara's Theme« aus dem Film »Doktor Schiwago« zitiert...

VOM BOJAREN ZUM BOURGEOIS

Mütterchen Rußland, dein Weizenhaar,
verbrämt von sibirischem Zobel,
ist mein, und dein fruchtbarer Leib sogar.
Mütterchen Rußland, Väterchen Zar –
als Familie sind wir ganz nobel.

Mütterchen Rußland, Väterchen Zar,
ich schwöre, ich liebe euch beide,
ihr brachtet dem russischen Bourgeois
eine goldene Morgengabe dar:
ein Riesenland voll Getreide.

Doch während woanders Reichtum entstand
aus Maschinen und Männern und Frauen
und Profite rollten vom fließenden Band,
besaßen wir nichts als das weite Land
und die Hörigen, die es bebauen.

    Väterchen Zar, bau' mir die Eisenbahn,
    das wär' wunderbar, damit ich handeln kann.
    Und Jahr um Jahr wächst unser Reichtum dann,
    Väterchen Zar, bau mir die Eisenbahn.

Brüderchen, schau dir den Atlas an,
schau die gewaltige Weite.
Und viele hunderttausend Mann,
die bauten mir meine Eisenbahn,
dann rollte darauf mein Getreide.

»... eine große Stille, die tönend klang...«
Schlußtableau bei der Uraufführung.
(Fotograf unbekannt.)

Herein in das Land fuhr Kapital
aus Börsen in westlichen Städten,
ich stampfte aus dem Areal
Fabriken in enormer Zahl
und Millionen Proleten.

Mütterchen Rußland, ich nähre dir
deine Söhne, daß sie sich vermehren,
sie treiben Maschinen und mehren mir
alle Werte, und alle gehören mir
und natürlich den Aktionären.

    Und morgen schon, da unternehme ich
    die Revolution, jedoch nur bürgerlich.
    Väterchen Zar, der neue Zar bin ich,
    der Bourgeois regiert jetzt ordentlich...

KOSAKENLIED

Sie stürmten durch die Taiga
und schwangen die Nagaika,
und drückten immer schärfer
die Bauern und die Dörfer.
Sie ritten auf Befehl
auch schnurstracks in die Höll'.
Hei, die Kosaken waren
die Reiterei des Zaren.

    Hörst du die Kosaken lachen,
    nur nicht in die Hosen machen.
    Kosak, Kosak, daß ich dich frag';
    zu wem gehörst du?
    Auch diese Heerschar
    ist nicht unbelehrbar.

Und als der Zar versunken,
da waren sie betrunken.
Dann übernahm die Führung
die Bourgeois-Regierung.
Der bürgerliche Rat
der rief sie in die Stadt,
den Arbeitern, die streiken,
mit Schlägen aufzugeigen.

Hörst du die Kosaken lachen,
nur nicht in die Hosen machen.
Kosak, Kosak, daß ich dich frag';
zu wem gehörst du?
Auch diese Heerschar
ist nicht unbelehrbar.

Sie sahen auf den Gassen
die Fahnen und die Massen.
Und aus der Masse tönt ein Baß:
Wir sind das Volk und ihr seid – was?
Der oberste Kosake
rief wütend zur Attacke.
Und die wilden Kavalleristen
verdroschen die Polizisten.

Hörst du die Kosaken lachen,
nur nicht in die Hosen machen.
Kosak, Kosak, daß ich dich frag';
zu wem gehörst du?
Auch diese Heerschar
ist nicht unbelehrbar.

DAS FEHLENDE STALIN-LIED

Zahlreiche Kritiker reklamierten fehlende Perspektiven der nachrevolutionären Phasen der Sowjetrepublik. Wir hätten uns mit einem schäbigen Trick aus der Stalin-Ära davongestohlen, nichts über Säuberungen, Gulags, Gesinnungsterror der Stalin-Diktatur zu sagen gehabt und wären deshalb auch mit unseren anderen Aussagen nur bedingt ernst zu nehmen...

Ein Trick war es schon, nämlich eine geschickt angewendete amerikanische Erfindung namens »Happy-end«, bei der die Geschichten immer gut ausgehen, weil man sie nämlich nur bis zur Mitte erzählt... Nur war der Grund für die Sprachhemmung bei der Fortsetzung der Geschichte nicht etwa heimliche Verehrung des schnauzbärtigen, grusinischen Diktators, sondern das Unmaß historischer Unbildung in unserem Ziel- und Kulturraum, parallel übrigens (nur eben anders) zu dem Mangel an historischer Information durch permanenten Dogmatismus in der Sowjetunion.

Über Stalin konnte man nicht differenziert berichten, weil der Gipfel westlichen Wissens über dieses Thema in einem ständigen Vergleich mit Hitler besteht und somit zu einem unfairen Mittel geworden ist, die Verbrechen der nationalsozialistischen Faschisten zu relativieren.

Nicht jeder Terror auf dieser Welt ist faschistisch, und die Diktatur Stalins hatte andere Gründe und Hintergründe als jene Hitlers. Den jeweiligen Opfern dürften derartige Überlegungen zwar herzlich egal sein, will man aber aus der Geschichte lernen, sollte man genau sein.

Als Georgi Michailowitsch Dimitrow 1933 in Berlin der Brandstiftung am Reichstagsgebäude bezichtigt wurde, hatten die Nazis den bürgerlichen Rechtsstaat noch nicht zur Gänze abmontiert. Es gab einen Prozeß, der internationales Interesse erregte und deshalb auch von ausländischen Berichterstattern beobachtet wurde. Dort verteidigte sich Dimitrow erfolgreich, drehte den Spieß um und leistete nebenbei die erste gültige Definition des Phänomens Faschismus.

Einige der damals von Dimitrow genannten Merkmale des Faschismus treffen auf die Diktatur Stalins zu, andere nicht. So ist es zum Beispiel Auslegungssache, ob die Liquidation Hunderttausender kommunistischer Revolutionäre durch Stalins

Tschistka (die große Säuberung) mit dem faschistischen Merkmal der »Zerschlagung der Arbeiterorganisationen und der Übernahme ihrer Symbole« in Dimitrows Definition zu vergleichen ist.

Aber konnte es denn überhaupt unsere Aufgabe sein, Definitionen für Begriffe zu suchen und zu finden, über die es noch kaum Literatur gab? Hätte es denn nicht genügt, einfach ein Lied gegen den Diktator Stalin zu singen, nachdem wir gegen fast jeden anderen Diktator der Weltgeschichte schon gesungen hatten?

Aus heutiger Sicht bedaure ich das Versäumnis, denn so ein Lied hätte uns viele unnötige Fehleinschätzungen und Auseinandersetzungen erspart, allerdings wäre ein Anti-Stalin-Lied keine besondere Leistung gewesen, denn kaum jemand war für ihn.

Andererseits gibt es eine derartige Unmenge von »ungesungenen« und ebenso wichtigen Themen, daß mir ganz schwindlig wird, wenn ich nur daran denke, was wir alles hätten besingen müssen.

Wir haben (leider) kein Lied über Rosa Luxemburg gemacht und keines über Karl Liebknecht, keines über den Aufstand von Kronstadt, keines über Trotzki und keines über den ersten Fünfjahresplan... oh doch, das letztere schon, nur gesungen haben wir es nicht – es war uns nämlich zu pathetisch...

DAS LIED VOM ERSTEN FÜNFJAHRESPLAN

Wir arbeiten am Fünfjahrplan!
Schneller, Zahnrad, dreh' dich!
Ein Volk gibt seinen Takt dir an,
und brich' nicht – unsteh' dich!
Nur der Fünfjahrplan zählt!

    Was tut sich sonst noch auf der Welt?
    Die Bosse in der Wall-Street lachen:
    »Laßt sie nur ihre Pläne machen!«

Schneller, Baukran! Traktor, zieh'!
Schneller, Maurerkelle!
Wir bauen eine Industrie
ganz ohne Industrielle.
Nur der Fünfjahrplan zählt!

Was tut sich sonst noch auf der Welt?
In New York stürzt beim Börsenkrach
manch' Boß vom Wolkenkratzerdach...

Fördertürme, sturmumtost,
steht und ermattet nicht!
Kabel, jage durch den Frost
der Tundra elektrisches Licht.
Nur der Fünfjahrplan zählt!

   Was tut sich sonst noch auf der Welt?
   In Deutschland sagt ein armer Mann:
   »Ich nehme jede Arbeit an!«

Bauern, laßt den hölzernen Pflug,
wir machen uns Maschinen!
Erntetraktor, sei schnell genug,
wir müssen den Kampf gewinnen!
Nur der Fünfjahrplan zählt!

   Was tut sich sonst noch auf der Welt?
   Eine Blutspur durch die Länder führt,
   die Inflation, die galoppiert...

Wir haben einen Sieg getan,
der mehr als alle gilt.
Wir haben den ersten Fünfjahrplan
über- und übererfüllt...
Nur der Fünfjahrplan zählt!

   Was tut sich sonst noch auf der Welt?
   Wo immer sich ein Schwungrad dreht,
   dort weiß man jetzt: Es geht, es geht!

VI
DER FASCHISMUS

Adolf Hitler mit Reichsbankpräsident und Wirtschaftsminister Hjalmar Schacht.

RÜCKBLICK MIT SCHMERZEN
177

SCHAMROT UND ROSA
179

HITLER WAR EIN BÖSER MANN
182

EIN KOMPRIMIERENDER ÜBERBLICK
184

DIE TEXTE DER GÜLTIGEN FASSUNG
186

LIEDER DER URFASSUNG
194

LIEDER GEGEN DEN FASCHISMUS
199

RÜCKBLICK MIT SCHMERZEN

Je näher wir der Gegenwart und der jüngeren Vergangenheit kamen, desto schwieriger wurde die Umsetzung und Verarbeitung der Themen. Wir bewegten uns wie Astronauten auf einem Planeten mit höherer Schwerkraft.

Das hatte mehrere Gründe, zum Beispiel den einen, daß die geschilderten Ereignisse zu jung, das heißt zu unaufgearbeitet waren. Es war nicht möglich, stimmige Metaphern zu finden – die Protagonisten lebten ja noch, und viele der aufgeworfenen Fragen taten ihnen oder ihren Folgegenerationen weh, und die Perspektiven waren verschleiert und verzerrt.

Ich habe nur eine undeutliche Erinnerung an meine Großeltern. Die Eltern meiner Mutter waren kleine Leute, klein – wörtlich genommen. Ich war damals noch ein Kind, aber später... sie hätten mir kaum bis zur Schulter gereicht. Früher waren die Menschen überhaupt kleinwüchsiger, besonders die einfachen Leute...

Mein Großvater mütterlicherseits war ein gelernter Schlosser, der als Eisengießer arbeitete, von meiner Großmutter habe ich nur die Erinnerung ihres hochgesteckten grauen Haares und ihres feinen, alten Gesichts. Mir wurde erzählt, daß beide in der Zeit des Austrofaschismus heimlich die in Preßburg gedruckte »Arbeiter-Zeitung« verteilt hatten. Ich werde nie wirklich begreifen – so sehr ich auch analysiere, forsche, recherchiere, so viel ich auch darüber lese und schreibe –, welches Phänomen diese beiden sanften, alten Leute in den Viehwaggon nach Theresienstadt brachte.

Und ich glaube auch nicht, daß man darüber Lieder singen oder Gedichte machen kann. (Selbst Paul Celans berühmte »Todesfuge« kratzt das Thema nur unzulänglich an, meine ich.)

Als junger Redakteur habe ich einmal Auschwitz besucht, Artikel darüber geschrieben und zu begreifen versucht, was dort vor sich gegangen war. Aber es läßt sich nicht begreifen.

Dieses Thema war im Rahmen der »Proletenpassion« nicht zu bewältigen, unser diesbezügliches Scheitern war sozusagen vorprogrammiert. Die »Schmetterlinge« arbeiteten später noch tapfer an dieser Aufgabe, etwa in ihrem Jura-Soyfer-Programm »Verdrängte Jahre« und auch in ihrer Faschismus-Aufarbeitung »Jahre wie Tränen«. Und ich versuchte später, das Thema in verschiedenen Theaterstücken[1] zu bewältigen, doch im Grunde umkreiste ich es nur. Später faßte ich die Grundproblematik in ein Gedicht:

Den guten Menschen mangelt es
an böser Fantasie.
Selbst ihre Leichen hoffen noch
auf ihrer Henker Tränen.

Unser Kritiker Otto F. Beer hatte natürlich recht, als er formulierte:

... *Das ist im Detail oft witzig, etwa wenn ein Hitler im Steireranzug einen Blues mehr bellt als singt... Doch zu primitiv ist der Blick auf den Nationalsozialismus, ... weil hier Hitler bloß ein tumber Tor ist, den die feinen Leute in ihren Salons einkochen – von einem solchen Schickeria-Führer hätte die Welt nicht viel zu befürchten gehabt...*[2]

In der späteren Konzertfassung unterbrachen die Schmetterlinge dann das Lied »Hitler's Blues« und warnten an dieser Stelle ihr Publikum davor, die historischen Fehler zu wiederholen, den Faschismus zu unterschätzen und Typen wie Hitler als Witzfiguren zu sehen...

Ein weiterer Grund für unser Scheitern an diesem heiklen Thema war aber der wolkige Zustand des offiziell tradierten Geschichtsbildes. Nicht nur das symptomatische Verdrängen heikler Fakten, sondern auch die wertenden Verformungen scheinbar objektiver Berichte, durch Überbetonen oder Unterspielen bestimmter Ereignisse, verhinderten klare Sicht.

Und das alles galt nicht nur für die Beschäftigung mit dem Nationalsozialismus, sondern auch schon für frühere Geschehnisse. Und es galt nicht nur für verschämte Konformisten oder unverschämte »Ehemalige«...

Zum Beispiel sahen die sozialdemokratischen Parteien Europas in gewissen Phasen ihrer Geschichte gar nicht so gut aus, weshalb sie diese Phasen auch heute noch nicht gerne objektiv betrachten...

SCHAMROT UND ROSA

Die Sozialdemokratie ist wie ein großer roter Vogel, der die letzten hundert Jahre mit dem linken Flügel flog und mit dem rechten steuerte... Ein blinder Fleck in der Geschichte der Sozialdemokratie war immer schon die Annahme der Kriegsedikte, als nationale Argumente die internationale Solidarität verrieten und dadurch den reibungslosen Ablauf des ersten »Weltkriegs« in der Geschichte der Menschheit erst ermöglichten, sich zumindest daran mitschuldig machten.

Auch wenn es wahr ist, daß das Wörtchen »wenn« nicht an den Börsen notiert wird und kein Gewicht hat in den Zentren der Macht, darf man sich doch die Frage stellen, ob die globale Schlächterei überhaupt durchführbar gewesen wäre, hätten die Arbeiterorganisationen der beteiligten Länder auf die Appelle der Rosa Luxemburg gehört...

Die deutschen Sozialdemokraten – mit der einzigen Gegenstimme Karl Liebknechts – votierten geschlossen für die Kriegsedikte. Rosa Luxemburg stellte fest:

Am 4. August 1914 hat die deutsche Sozialdemokratie politisch abgedankt, und gleichzeitig ist die Internationale zusammengebrochen.[3]

Und die österreichische Sozialdemokratie? Gestern noch stärkste Säule der Internationale, hatte sie nur noch den »starken Drang, sich öffentlich mit ihren deutschen Genossen zu solidarisieren...«[4]

Doch das kriegsbedingt ausgeschaltete Parlament stand als Forum nicht zur Verfügung, also floß aus der Feder des Chefredakteurs der »Arbeiter-Zeitung« Austerlitz das Folgende:

Das Bild, das heute der deutsche Reichstag, die Vertretung der Nation, bot, wird sich unauslöschlich einprägen in das Bewußtsein der ganzen deutschen Menschheit, wird in der Geschichte als ein Tag der stolzesten und gewaltigsten Erhebung des deutschen Geistes verzeichnet werden... Nie hat eine Partei größer und erhebender gehandelt...[5]

Walter Pollak, treuer Historiker der SPÖ, erklärt die damalige Haltung der Partei mit der Bedrohung durch den zaristischen Despotismus, auch mit der »emotionellen Welle« der Kriegsbegeisterung und meint, die Parteiführung hätte – dagegengetellt – den Kontakt zur Basis verloren. Er konstatiert dennoch[6]:

> ...*Die Machtmittel, über welche die Partei verfügte, waren nicht gering. Sie hätten auch in einem Staat, der bereit war, Polizei und Militär gegen Aufbegehrende einzusetzen, eine härtere Sprache möglich gemacht...*

Die Sozialdemokraten anderer Länder, die viel weniger politische Möglichkeiten hatten, zeigten andere Haltungen vor:

Die sozialdemokratischen Abgeordneten in der russischen Druma verließen den Verhandlungssaal, als über den Krieg debattiert wurde.

In Italien, das von der unmittelbaren Entscheidung noch nicht betroffen war, setzten sich die Sozialdemokraten heftig für den Frieden ein.

In England traten zwei Minister der Labour Party aus dem Kabinett Grey aus, um gegen die Kriegspolitik zu protestieren...

In Frankreich manifestierte sich die Spaltung im sozialdemokratischen Geist in zwei antagonistischen Persönlichkeiten: Der mutige Kämpfer für den Frieden, Jean Jaurès – in Wiens großem Arbeiterbezirk Favoriten ist eine Wohnhausanlage nach ihm benannt –, fiel einem Attentat zum Opfer, während der Sozialdemokrat Herve, zuvor einer der lautstärksten Pazifisten der Internationale, zum begeisterten Parteigänger des Krieges wurde und zwei Sozialdemokraten in die Regierung eintraten...

In ähnlichen Wunden stochert jeder herum, der die Haltung der sozialdemokratischen Parteiführer den Arbeiter- und Soldatenräten gegenüber betrachtet, die sich nach sowjetischem Vorbild unmittelbar nach Kriegsende überall gebildet hatten. Besonders die Niederschlagung der Münchner Kommune durch den Sozialdemokraten Noske – sein berühmtester Satz: *Einer muß der Bluthund sein!* – war der »Basis« der Arbeiterparteien nicht wirklich plausibel zu erklären.

Auch alle diese Themen kommen in der »Proletenpassion« zu kurz. Wir versuchten in wenigen Liedern, Auskunft über das Wichtigste zu geben, und wurden am deutlichsten durch ein Originalzitat von Otto Bauer...

Zweifellos haben die letzten beiden Stationen nicht mehr die umfassende dramaturgische Qualität wie die vorhergehenden. Das Thema »Faschismus« schien uns ein literarisch kaum übersteigbares Riesengebirge zu sein, gebildet aus einem Geröll von unzähligen wichtigen Einzelthemen.

Eine Nation, die sich über ihre Geschichte hinwegsetzt, stellt auch ihre Zukunft in Frage, erklärte Michael Gorbatschow Margaret Thatcher. Diesen klugen Satz kann man ebensogut auf eine Partei anwenden. Eine sozialdemokratische Partei, die nicht imstande ist, ihre Fehler zu analysieren, läuft Gefahr, ihrem historischen Makel zum Opfer zu fallen, die Kräfte der Arbeiterklasse umzuwandeln in die Schwächen des Kleinbürgertums...

Obwohl wir in wenigen Texten die Problematik nur andeuteten, etwa in dem Lied »Der Schuß von hinten«, war in manchen Reaktionen doch eine gewisse Wehleidigkeit spürbar. Kritisiert wurde auch die Verwendung jenes Zitates von Otto Bauer, das – zugegeben – zwar aus dem Zusammenhang gerissen, aber eben dennoch Original ist.

In einigen Kritiken wurde auch das »Lied von Krupp und Thyssen« mißverstanden. Wir wollten mit dem gut recherchierten Faktum der Unterstützung der Nazis durch das deutsche Großkapital nicht die Begriffe Faschismus und Kapitalismus gleichsetzen, wohl aber sagen, daß der Faschismus eine kapitalistische Herrschaftsform ist, die bei Bedarf eingesetzt wird. Diese Behauptung sahen wir auch durch die damals nur kurz zurückliegenden Ereignisse in Chile bestätigt...

HITLER WAR EIN BÖSER MANN

Unter unseren zahlreichen ehrenamtlichen Mitarbeitern waren viele Lehrer. Einer von ihnen fragte als Aufsatzthema die Schüler einer 5. Klasse: *Was weißt du von Adolf Hitler und seiner Zeit?*

Seit diesem Schulaufsatz ist so viel Zeit vergangen, daß aus den Schülern von damals junge, im Berufsleben stehende Menschen geworden sind, weshalb hier natürlich keine Namen genannt werden sollen.

Eine kleine Auswahl von Zitaten:

Hitler regierte in Deutschland. Er hatte aber damit nicht genug, er wollte die ganze Welt beherrschen. Er zog mit seiner Armee von Land zu Land und richtete viel Unheil und Blutvergießen an. Er steckte die Juden in Gaskammern und ließ Verwundete hilflos sterben. In Rußland verlor er seine erste Schlacht, denn es war Winter. Hitler gelang es zu entkommen, doch er wurde nicht mehr gesehen...

...Es heißt, er wurde ermordet, aber seine Leiche wurde nicht gefunden, er soll heute noch irgendwo leben. Seine Politik war eigentlich ganz gut, bis er eben mehr wollte...

Adolf Hitler lebte in Deutschland, er war gegen die Juden und wollte unbedingt die Welt beherrschen, bei der Sowjetunion verlor er...

...Er ließ jeden, der gegen ihn sprach, töten, die Zensur war sehr streng, Frauen und Kinder mußten arbeiten, die Männer ließ er an die Front...

...in seiner Amtszeit hatte er mehrere Dienste: Reichskanzler, Diplomat usw. 1933 marschierte er mit seinen Truppen in Österreich ein...

...Er ließ zahlreiche Kriegsgefangene in Konzentrationslager bringen und kaltblütig ermorden. Er zog im Winter bis an die russische Grenze, wurde dann aber zurückgedrängt. Als er wußte, daß seine Macht immer kleiner wurde und die Menschen Demonstrationen gegen ihn machten, ermordete er sich mit Giftampullen und schoß sich noch eine Kugel in den Kopf...

...sein Ziel war, die ganze Welt zu beherrschen. Außerdem wollte er die Welt rein machen, das heißt, sie von Juden zu bereinigen...

...durch ihn entstand der 2. Weltkrieg. Deutschland wurde von ihm überrumpelt...

...Er fing als kleiner Soldat in der Armee an, war ehrgeizig und haßte besonders die Juden. Dieser Haß sollte sich später auf die Judenbevölkerung auswirken...

...Schon in frühen Jahren Hakenkreuzträger, arbeitete sich Hitler vom einfachen Parteimitglied der faschistischen Partei weit hinauf...

...Er verschaffte den Leuten zwar Arbeit, aber auch den 2. Weltkrieg...

...Hitler war Führer der N.S.-Partei. Er trug viel dazu bei, daß die Partei so populär wurde...

...Er war einer der seltsamsten Politiker seiner Zeit. Heute wäre er eher eine Witzblattfigur, dennoch hat er seine Anziehungskraft nicht verloren...

EIN KOMPRIMIERENDER ÜBERBLICK

Das der Plattenpackung beiliegende Textheft versuchte, die komplizierten historischen Abläufe zu erklären...

Wirtschaftlich hatten nur die stärksten Kapitalverbände den 1. Weltkrieg überstanden – die allerdings mit Riesenprofiten. (Zur Illustration: Krupp verkaufte 1914 seine Lizenz zur Herstellung von Granaten an den britischen Waffenkonzern Vickers und erhielt für jeden gefallenen deutschen Soldaten 60 Mark »Lizenzgebühr« von den Briten bezahlt. Nach Ende des Krieges war Krupp um 400 Millionen Goldmark reicher geworden.)

Kleine und mittlere Unternehmer dagegen sind ruiniert oder schwer mitgenommen. Das Kleinbürgertum fürchtet Deklassierung und – unter dem Eindruck der Oktoberrevolution – den Verlust von Besitz und Privilegien. Diese Angst wurde damals wie heute von antikommunistischen Kampagnen geschürt. Kleinbürger und vom verlorenen Krieg enttäuschte Militärs bilden den Kern der faschistischen Bewegung in Deutschland.

1923: Gescheiterter Nazi-Putsch.

1924-28: Nach kurzer Erholung Rückgang der Konjunktur.

1930: NSDAP erhält 18,3 % der Stimmen.

1932: Industrielle, Bankiers und Großgrundbesitzer verlangen in einem Brief an Hindenburg Hitler als Reichskanzler. »Spende« von 30 Millionen Mark. NSDAP erhält 37,3% der Stimmen.

1933: Regierung Hitler-Hugenberg. Durch die Unterstützung des Großkapitals kommt es zur faschistischen Machtergreifung. Aber auch Militär, Bürokratie und Kirche interessieren sich für bestimmte Aspekte des Faschismus.

In der ersten Phase des 3. Reiches wird der Kampf gegen die Arbeitslosigkeit vor allem mit Hilfe der Aufrüstung geführt. Die Rüstungsausgaben steigen um 2000 %.

1936: »Generalprobe« der faschistischen Militärs im Kampf gegen die junge Republik Spanien.

1. September 1939: Kriegsbeginn mit Angriff auf Polen.

1941: Praktisch fungiert ganz Europa als Ausbeutungsobjekt des deutschen Imperialismus.

Ab 1942 zeichnet sich durch Siege der Roten Armee die Niederlage bereits ab.

1945 bricht das »tausendjährige Reich« durch den Sieg der Alliierten und den Befreiungskampf der Widerstandsbewegungen in den unterdrückten Ländern zusammen.

Der größte Krieg der bisherigen Geschichte (und zugleich die bisher größte Krise der kapitalistischen Gesellschaftsordnung) hatte nach vorsichtigen Schätzungen 55 Millionen Tote gefordert. Zumindest 5 Millionen Menschen waren in Konzentrationslagern ermordet worden. Die Sowjetunion hatte im Kampf gegen den Faschismus die größten Opfer gebracht: Etwa 20 Millionen Tote, 2000 total zerstörte Städte.

Unsere Probleme mit diesem Stoff: Wir haben die wichtige Frage nicht gebührend behandelt, warum es zu keiner antifaschistischen Einheitsfront zwischen Kommunisten, Sozialdemokraten und anderen antifaschistischen Kräften kam, die allein der Entwicklung hätte entgegentreten können. Diese Frage erscheint uns heute erschreckend aktuell. Dem Vormarsch der Nazis entsprach ein Zurückweichen, ein Verniedlichen der Gefahr und bisweilen ein Paktieren der rechten SP-Führer. Die KP warf der Sozialdemokratie vor, »Steigbügelhalter der Nazis« zu sein.

Andere Aspekte des Faschismus (etwa die Rassenfrage) führen wir aus Platzmangel nicht aus und weil es Themenkreise sind, die allgemein bekannt sind.

DIE TEXTE DER GÜLTIGEN FASSUNG

DER FUNKE FLIEGT

Der Funke fliegt, und Fackeln roter Fahnen
flammen nun in ganz Europa auf.
Räte wählte sich das Volk von Ungarn,
und Bayern wird zur Räterepublik.

Das Volk schöpft Hoffnung, und der Funke fliegt.
Die Arbeiter von Hamburg und Berlin
erheben sich, und vor dem Parlament in Wien
trennen sie das Weiße aus der rotweißroten Fahne.

Der Funke fliegt, und Fahnen brennen rot
und heizen nun den Monopolherrn ein.
Die sehn mit Schrecken ihre Macht bedroht –
ihr Schutzengel erscheint in zweierlei Gestalt:

Da sind zuerst die rosa Spitzenfunktionäre –
zurückweichend – paktierend.
Ihnen folgt, auf gleichem Fuß, der Bürger Blutgericht –
und einmal noch hat sich das Kapital gerettet.

OTTO BAUER *(Originalzitat):*

Die Regierung stand damals immer wieder den leidenschaftlichen Demonstrationen der Heimkehrer, der Arbeitslosen, der Kriegsinvaliden gegenüber. Sie stand der vom Geist der proletarischen Revolution erfüllten Volkswehr gegenüber. Sie stand täglich schweren, gefahrdrohenden Konflikten in Fabriken, auf den Eisenbahnen gegenüber. Und die Regierung hatte keine Mittel der Gewalt zur Verfügung: die bewaffnete Macht war kein Instrument gegen die von revolutionären Leidenschaften erfüllten Proletariermassen. Keine bürgerliche Regierung hätte diese Aufgabe bewältigen können. Sie wäre binnen acht Tagen durch Straßenaufruhr gestürzt, von ihren eigenen Soldaten verhaftet worden. Nur die Sozialdemokraten konnten diese Aufgabe von beispielloser Schwierigkeit bewältigen. Nur Sozialdemokraten konnten wild bewegte Demonstrationen durch Verhandlungen und Ansprachen friedlich beenden, die Arbeitermassen von der Versuchung zu revolutionären Abenteuern abhalten.

DER SCHUSS VON HINTEN

Da lagen wir im großen Krieg der Räuber,
und drüben lagen die gleichen dreckigen Leiber.
Arbeiter wie wir. Da haben wir gedacht,
das ist nicht unser Krieg, nicht unsre Schlacht.
Und im Feuer von Verdun, da fragten wir:
Und wir Sozialdemokraten stimmten dafür?

> Aufgepaßt, Genossen!
> Wer hat denn da geschossen?
> Genossen, dreht die Flinten!
> Der Schuß, der kam von hinten!

Und heimgekehrt ins deutsche Land,
da sagten wir: Wir nehmen's in die Hand.
Und vierundzwanzig deutsche Städte
bildeten Arbeiter- und Soldatenräte.
Doch an der Spitze die Genossen
hat unser linker Trend verdrossen.

Es stiegen rosa Spitzenfunktionäre
bis hinauf zur Präsidentenehre.
Und als sie endlich zu den Obern zählten,
vergaßen sie, wofür wir sie einst wählten.
Sie führten jetzt des Kapitals Geschäfte
und stützten sich auf reaktionäre Kräfte.

> Aufgepaßt, Genossen!
> Wer hat denn da geschossen?
> Genossen, dreht die Flinten!
> Der Schuß, der kam von hinten!

DAS LIED VON KRUPP UND THYSSEN

THYSSEN:
Mein lieber Krupp, wir haben's aufgefangen,
beinah wär' das ins Aug' gegangen,
gerettet ist noch mal das Kapital,
doch wie verhindern wir ein nächstes Mal?

KRUPP:
Nur keine Bange, lieber Thyssen,
es gibt doch Hitler, wie Sie wissen,

der hat seit Jahren schon gespürt,
daß er mal brauchbar für uns wird.
Eh schon wissen, Herr von Thyssen?

THYSSEN:
Schwuppdiwupp, Herr von Krupp!
Mein lieber Krupp, das hör' ich gern,
kümmern wir uns doch um diesen Herrn.
Was hat er uns denn außerdem zu bieten,
außer den Germanenmythen?

KRUPP:
Zuerst statt Klassengegensatz
entwickelt er die Rassenhatz.
Untermenschen, und nicht wir, mein Lieber,
stehen dann dem deutschen Arbeiter gegenüber.
Eh schon wissen, Herr von Thyssen?

THYSSEN:
Schwuppdiwupp, Herr von Krupp!
Das gefällt mir, sei'n wir ehrlich.
Da wird Demokratie entbehrlich!
Wozu noch Lohnkampf, rote Fahnen?
Wir sind doch schließlich alle Urgermanen!

KRUPP:
Dann sind's nicht wir, die unterdrücken,
sondern die Juden und Bolschewiken,
gegen die die Deutschen kämpfen müßten,
weshalb wir für den Krieg jetzt rüsten.
Eh schon wissen, Herr von Thyssen?

THYSSEN:
Schwuppdiwupp, Herr von Krupp!
Mein lieber Krupp, Sie seh'n, ich lache,
das ist ja wirklich eine Bombensache!
Mein Wahlspruch ist: Jedem das Seine –
ich denke da an Polen und die Ukraine!

KRUPP:
Mein lieber Mann, wenn Sie mich fragen,
so kann ich nur »Heil Hitler« sagen.
Los, machen wir die Nazis stark,
zunächst mit dreißig Millionen Mark!
Eh schon wissen, Herr von Thyssen?

THYSSEN:
Schwuppdiwupp, Herr von Krupp!

BEIDE:
Sieg heil!

HITLERS BLUES

Wartezeit,
harte Zeit.
Schau, die harten
späteren Standarten-
führer warten,
eh' sie starten.
Führer warten
auf Kapital
im Wartesaal
der Vorsehung und spielen Karten.
Um die Massen zu bewegen,
muß sich erst die Kasse regen.

Das ist eine harte Nuß,
wenn ein Nazi warten muß.
Wann ruft man,
wann,
den starken Mann?

Dabei hätt' ich ein herrliches,
beinah' unentbehrliches
Programm beisamm'.
Es ist genial:
An »national«
häng' ich hinten »sozialistisch« an!
Was ergibt sich dann?
Das sehn selbst die Blinden:
Die Arbeiterorganisationen
sind jetzt entbehrlich
- weg damit!
Na, seien Sie ehrlich,
dieser Hit
wird sich lohnen.

Wartezeit,
harte Zeit.
Ka Musi ohne Kapital,
so sitz ich da im Wartesaal.
Manchmal laß ich ab den Dampf
im Hofbräuhaus
und stoß ein' Schrei aus,
einen harten, und stampf.
Das ist – mein Kampf.

In der Konzertfassung der »Proletenpassion« unterbrach Willi Resetarits »Hitlers Blues« gegen Ende des Liedes und wies auf den schweren Fehler hin, Hitler zu lange als Witzfigur gesehen zu haben und nicht ernst genug genommen zu haben, bis es zu spät war...

LIED VOM A-SAGER

Wer A sagt und nicht B sagt,
wie sagen wir zu dem?
Wir sagen, dieser A-Sager,
der macht sich's sehr bequem.

Wer zum Faschismus nein sagt
und ja zum Kapital,
daß der das nur zum Schein sagt,
ist ein klarer Fall.

Denn wenn die Herrschaft wackelt
von Bank und Monopol,
da wird nicht lang gefackelt,
was man da machen soll.

Will gar ein Volk sich wehren
gegen den Volksbetrug,
dann sind die schlimmsten Herren
grad noch brutal genug.

WIR HABEN NIE ZU KÄMPFEN AUFGEHÖRT

Wer war es, der im 34er Jahr
in Österreich gegen die braune Gefahr
entschlossen kämpfte und stritt?

*Lukas Resetarits singt »Hitlers Blues«.
(Fotograf unbekannt.)*

Unsere Brigada International,
sie kämpfte im Jarama-Tal
und kämpfte um Madrid.

Im Untergrund unsere verborgenen Fahnen,
in den Bergen unsere Partisanen.
Wir haben uns immer gewehrt.

Jetzt warten sie wieder, im Wartesaal
des Kapitals, auf's nächste Mal.
Wir haben nie zu kämpfen aufgehört.

FASCHISMUS-LIED DES GESCHICHTSLEHRERS

Heut' fahr'n wir in der Geisterbahn,
Kinder, heut' ist der Faschismus dran.
Ich zeig' euch im Seelengekröse
des Menschen das schlummernde Böse,
das schicksalsartig erwacht
und boxt sich brutal an die Macht,
mit Heil und Heul und Donnerkeil,
und mit Ka-Zet und Henkerbeil,
mit Bierkrug, Weltkrieg und Gas,
das ist vorüber, merkt euch das.

> Hitler war ein böser Mann,
> doch baute er die Autobahn.
> Dracula und Frankenstein
> sind daneben lieb und klein.

Mancher, der heut' auf die Pfanne haut,
hätt' sich das damals nicht getraut.
Im übrigen ist es uns peinlich,
drum sind beim Verzeihen wir nicht kleinlich.

Mancher stramme SS-Mann
kämpft heut' gegen politischen Streß an.
Und mancher Herr vom Blutgericht
auch heute noch sein Urteil spricht.

> Hitler war ein böser Mann,
> doch baute er die Autobahn.
> Dracula und Frankenstein
> sind daneben lieb und klein.

Und war wer einst ein Hitlerpimpf,
dann gilt das heut' nicht mehr als Schimpf,
im Gegenteil, bei einer Wahl
gewinnt er Stimmen – national.

Breitet den Mantel der Vergessenheit
über die Jahre der Besessenheit.
Schwamm drüber, Ende dieser Stunde.
Das war ein Stückchen Heimatkunde.

Als Beispiel für den Kampf gegen den Faschismus sangen die »Schmetterlinge« an dieser Stelle das Lied »Vier noble Generale«[9] aus dem Spanischen Bürgerkrieg und als Beispiel dafür, daß der Faschismus keineswegs nur eine historische Station war, sondern daß *der Schoß noch fruchtbar ist, aus dem das kroch*, ein Lied, das dem 1973 im Stadion von Santiago de Chile ermordeten Sänger Victor Jara gewidmet ist.

COMPANERO VICTOR JARA: PRESENTE

Für alle, die ihre Lektion verschlafen haben,
sowie auf vielfachen Wunsch der Reaktion,
wird der »Tod des Orfeus« wiederholt
im großen Stadion von Santiago.

In die Mündung seines Todes, ins Gesicht der Henker
sang Victor Jara mit zerschlagenem Mund
seine Lieder von der Macht des Volkes
und von seiner unausrottbaren Zukunft.

Deine Finger konnten sie brechen, Victor Jara,
deine Hände, deine Gitarre, dein Leben,
doch deine Lieder sind unsre Lieder geworden,
und unsere Lieder läßt sich der Wind
nie mehr aus dem Munde nehmen.

LIEDER DER URFASSUNG

Diese Szene der Uraufführung samt dem folgenden »Lied des Kapitalisten vom letzten Register« wurde später von dem »Lied von Krupp und Thyssen« mehr als nur ersetzt. Die Urtexte trugen viel zu dem Mißverständnis bei, wir würden Kapitalismus und Faschismus gleichsetzen.

KAPITALIST:
Zum Diktat, Fräulein Braun,
die werden schau'n, Fräulein Braun,
wir greifen ein, jetzt und hier,
ich diktier, ich diktier.
Formulieren Sie fest und scharf,
Klartext, wenn ich bitten darf:

»Lieber Paul, alles klar
Hitler kommt dieses Jahr!«

FRÄULEIN BRAUN:
November 1932, Ehrenwerte Exzellenz, hochzuverehrender Herr Reichspräsident von Beckendorf und Hindenburg. Die Übertragung der verantwortlichen Leitung eines mit den besten sachlichen und persönlichen Kräften ausgestatteten Führer –
...an den Führer der größten Nazi –
...der größten nationalen Gruppe wird die Schwächen und Fehler, die jeder Massenbewegung notgedrungen anhaften, ausmerzen und Millionen –
...und Millionen Menschen zu bejahender Kraft mitreißen.

KAPITALIST:
In vollem Vertrauen zu Eurer Exzellenz Weisheit und Eurer Exzellenz Gefühl der Volksverbundenheit begrüßen wir Eure Exzellenz mit größter Ehrerbietung –
Hjalmar Schacht, Fritz Thyssen, Kurt von Schröder...

KAPITALIST (*singt*):
Wir konzentrieren jetzt Geld und Macht und Kraft,
mit anderen Worten: Demokratie ist abgeschafft.

»Zum Diktat, Fräulein Braun!«
Erwin Steinhauer als Kapitalist,
Christine Jirku als seine steile Sekretärin.
(Fotograf unbekannt.)

Klar?

Keine Streitereien mehr, wie wir die Arbeiter entlohnen, auf
auf gut Deutsch: Auflösung ihrer Organisationen.

Irgendwelche Fragen? –
Na, sie nennen sich eben Arbeiterpartei.

Die Wirtschaft muß störungsfrei florieren.
Im Klartext heißt das – expandieren.

Deutlich genug?

So ein Krieg kurbelt die Schwerindustrie an,
weil, was sie produziert, ja wieder kaputtgehen kann.

Eine Art Schnellverbrauchergesellschaft.

Wenn wir am Weltmarkt Nummer Eins sind, lassen wir
uns das was kosten.
Also auf zum Marsch nach Süden, Westen, Osten ...

Heil Hitler.

LIED DES KAPITALISTEN VOM LETZTEN REGISTER

Herrschaften, ich schätze die Demokratie,
wie sich's gehört,
zumindest solange sie mich nicht
bei der Herrschaft stört.

Das wollen wir mal festhalten.

Schauen Sie nur auf die bunte Meinungsvielfalt
im Parlament.
da hab' ich überhaupt nichts dagegen,
wie man böswillig vermuten könnt'.

Wir sind da sehr jovial.

Freilich müssen die vertretenen Parteien,
das schätz' ich allerdings,
fest auf dem kapitalistischen Boden stehn,
also nicht zu weit links.

Das ist doch verständlich.

Bei uns, Sie wissen doch,
darf jeder sagen, was er grad möcht',
außer natürlich, er verletzt grob
das bürgerliche Recht.

Dann kriegt er Berufsverbot, zum Beispiel.

Alarmstufe eins: Hör' ich lautere Töne von links,
spiel ich im Nu
der – ich betone: »freien« – Presse
Arsenale von warnenden Beispielen zu.

Etwa, wie schädlich ein Streik ist.

Alarmstufe zwei: Wenn's nichts nützt,
lass' aus dem Sack ich die rote Katz,
die heilige Warnung vor der fürchterlichen
Diktatur des Proletariats.

Dort sind alle so gleich,
daß sie Nummernschilder tragen müssen,
damit man sie unterscheiden kann.

Alarmstufe drei: tritt ein,
wenn das alles nichts nützt
und die unruhigen Massen sich fragen,
wer ihren Reichtum besitzt.

Sowas fragt man einfach nicht.

In so einem Fall treten zurück
meine liberalen Minister,
denn jetzt brennt der Hut,
und ich zieh' die letzten Register.

Ihr habt's ja so gewollt.

In meinem Pokerspiel hab' ich als Trumpf
immer noch was,
das schägt alles andere,
nämlich – das Hakenkreuz-As.

Da schaut ihr, was?

HITLER IST AUSWECHSELBAR

Kein Bub mag heut' mehr Adolf heißen,
auch um Hermann tut sich niemand reißen.
Wir finden das sehr ungerecht,
daß niemand Adolf heißen möcht',
denn:

Hitler ist auswechselbar,
ebenso wie Salazar.
Wie immer sie auch heißen,
die Hauptsache: sie beißen.

Heißt einer Franco oder Franz,
was kümmert das die Hochfinanz,
solang sein starker Wille,
die Arbeiter hält stille.

Ob Van Thieu oder Duce,
Pinochet nach einem Putsche,
auswechselbar warten sie immer,

damals wie heut',
allzeit bereit,
im Hinterzimmer.

LIEDER GEGEN DEN FASCHISMUS

Zu keinem anderen Thema haben wir – die »Schmetterlinge« und ich – mehr Lieder gemacht. Hier wähle ich nur ein paar Beispiele aus, dazu ein Lied aus einem Kabarett-Programm von Lukas Resetarits (»Der alte Nazi kehrt zurück«) und Gedicht-Texte zum selben Thema[7]. Ein bestimmtes Lied des Widerstands wäre aber sicher in dieser Station der »Proletenpassion« vorgekommen, es ist nur leider erst viel später entstanden, das »Jelka-Lied«:

DREI ROTE PFIFFE IM WALD

Im Kreis ihrer Enkel die alte Frau
zeigt mit erhobener Hand
auf die Wälder, die dunklen, über der Drau:
Jetzt zeige ich euch euer Land!

Dort drüben, da hab' ich geschuftet am Hang,
als ich so jung wie ihr heut' war.
Bei der Christmette mit Glockenklang
hing Eis von Rock und Haar.

Die Bergknappen kamen vom Lindenwirt
und flüsterten heimlich, mit List,
daß sich in der Welt etwas ändern wird,
nichts bleiben muß, wie es ist.

    Verschwiegene Bäume.
    Verschworener Wald.
    Und drei rote Pfiffe,
    drei rote Pfiffe,
    drei rote Pfiffe im Wald.

Die Drau hinunter trieb Mond um Mond,
es brach der Faschistenkrieg aus.
Da hatte ich dann einen Mann an der Front,
und hatte drei Kinder im Haus.

Wie tönte da markiger Nazigesang
von deutschem Boden und Blut.
Manch' ein Bursch in die Berge entsprang.
Ich trug Flugblätter unter dem Hut.

Der Gestapo war kalt und der Gauleiter schalt:
Partisanen im eigenen Land!
Ich trug Geflüster und Brot in den Wald.
Sie haben mich Jelka genannt.

    Verschwiegene Bäume.
    Verschworener Wald.
    Und drei rote Pfiffe,
    drei rote Pfiffe,
    drei rote Pfiffe im Wald.

Der Winter war naß, und uns wärmte der Haß.
Viele sind's, die die Erde heut' birgt.
Wir haben gefochten, dort oben am Paß,
und an unsrer Befreiung gewirkt.

Der Krieg war vorbei, da war Stille im Land,
da waren die Lautesten leis',
sie nahmen das Hitlerbild von der Wand,
ihre Westen, die wuschen sie weiß.

Ihr meine Enkel, was hört ihr so stumm
die alten, die kalten Berichte?
Jetzt trampeln sie wieder auf euren Rechten herum!
Erinnert euch meiner Geschichte ...

    Verschwiegene Bäume.
    Verschworener Wald.
    Und drei rote Pfiffe,
    drei rote Pfiffe,
    drei rote Pfiffe im Wald.

Das Eis von Rock und Haar, die Flugblätter unter dem Hut, die drei Pfiffe – das sind authentische Berichte.
Die Entstehungsgeschichte des Liedes: Zusammen mit Georg Herrnstadt besuchte ich »Jelka« in ihrem Haus in einem Kärntner Dorf. Die alte Frau sprach fünf Stunden lang auf ein Tonband, das dann die Grundlage für mehrere Liedfassungen wurde ...

Vier noble Generale
(Traditional)

Vier noble Generale,
vier noble Generale,
vier noble Generale, mamita mia,
haben uns verraten.

Und die Faschistenstaaten
schickten auch prompt Soldaten
mit Bomben und Granaten, mamita mia,
zu blutigen Taten.

Madrid, du wunderbare,
Madrid, du wunderbare,
Madrid, du wunderbare, mamita mia,
dich wollten sie nehmen.

Doch deiner treuen Söhne,
doch deiner treuen Söhne,
doch deiner treuen Söhne, mamita mia,
brauchst' dich nicht zu schämen.

Und alle deine Tränen,
und alle deine Tränen,
und alle deine Tränen, mamita mia,
die werden wir rächen.

Und die verfluchte Knechtschaft,
und die verfluchte Knechtschaft,
und die verfluchte Knechtschaft, mamita mia,
die werden wir brechen.

Ein Lied gegen den Faschismus – aus dem Spanischen Bürgerkrieg.

IN DEN VERDRÄNGTEN JAHREN

Fegt bald der Wind der Gewalt
wieder die Straßen kalt?
Hängen die Wolken der Dummheit
tiefer, als Schwalben fliegen?
Ist es die alte Erbärmlichkeit,
die prall ihre Trinksprüche lallt?
Kommt die Feigheit von gestern
heut' nacht durch die Fenster gestiegen?

In den verdrängten Jahren
fiel Regen, so wie heute auch,
auf Weise und auf Narren.
Die Sonne schien, wie heute auch,
und helle Kinderscharen
sind Ringelspiel gefahren.
Leise flossen kalte Schwärzen
wie Dämmerung in blinde Herzen,
aus Nebel und aus Rauch.
Und es hat keiner hingeschaut
auf was sich da zusammenbraut,
so wie heute auch.

Mag sein – einer stand auf der Brücke
von Abgrund zu Abgrund
und schrie die Wahrheit heraus,
in den verdrängten Jahren.
Und ein Knabe über der Asche
spielte auf dem Fingerknöchel
der Mutter Schalmei.

VERGANGENHEIT BEWÄLTIGT

Im sonnigen Paraguay Krakowiak tanzen,
ein knöcherner Genickschüssler, entfloh'n.
Im dünnen Pokal singt das Eis auf,
und Gräber treiben hin ins Dämmerlau.
Im Korbstuhl warten am wirbelnden Markt,
bis die Geschworenen milde gestimmt sind,
und Gräser wuchern über Birkenau.

Und heimzukehren mit den Kranichen,
herabzusteigen auf windiger Gangway,
schalflatternd Stürme zu atmen,
zu wissen, die Zeit ist vergangen. Mai
war es damals... Die Zeugen vergessen,
bis auf welkhäutig Davongekommene.
Ihre stechenden Finger nicht spüren im Mark,
Gesäus für die Ohren Justitias,
und Frieden zu finden, und Vaterland.

Und die alten Stätten zu sehen, zu fühlen,
den Schweiß der Geschundenen noch zu riechen
nach so vielen Jahren, und den alten Wind,
der sich wiedererwachend an Fahnen reibt.
Weißkragig trinken und Kegel verfehlen
und keine andre Erinnerung haben
als die an das sonnige Paraguay, jawohl,
Krakowiak tanzend vereisten die Wunden im Glas.

DER ALTE NAZI KEHRT ZURÜCK

Wer zockelt da im Gleichschritt durch die Straßen?
Wer übt sich da im Tuten und im Blasen?
Wer singt sich das belegte Stimmband wund?
Wir sind die alten Herrn vom Kameradschaftsbund!

   Wir haben uns die Fliegenbärtchen abrasiert,
   wir haben uns ganz unverdächtig aufgeführt,
   doch heute gibt's zum Feiern einen guten Grund
   für jeden alten Herrn vom Kameradschaftsbund.

Der alte Nazi kehrt zurück in seine Villa.
Am Bahnhof rollen wir den roten Teppich aus.
Er hat genug von Santiago und Manila,
der alte Nazi kommt wieder nach Haus.

Der alte Nazi kehrt zurück zu seinen Enkeln,
dazu gehört heut' nicht mehr sehr viel Mut.
Man hat längst aufgehört, über ihn zu quengeln,
der alte Nazi hat die Heimat im Blut.

Der alte Nazi kehrt zurück zu Blut und Boden,
es empfängt ihn das Grenzlandquartett.
Und es blitzen die Orden am Loden,
und Gras wuchert über's Kazett.

Wir haben uns die Fliegenbärtchen abrasiert,
wir sind ganz unverdächtig durch die Stadt marschiert,
denn heute gibt's zum Feiern einen guten Grund
für jeden alten Herrn vom Kameradschaftsbund.

Aus dem »Vencermos«-Zyklus, den Chile-Texten, 1974:

CANCION DE CUNA

Noch ehe es dich gab, eh' ich dich warnen konnte vor
  ihnen,
wußten sie schon: Der geht in die Kupferminen,
und führten dich in den Protokollen ihrer Herde, Sohn,
noch ehe sie dich tauften, verkauften sie dich schon.

    Schlaf' nicht ein, mein Kleiner, schlaf' nicht ein.
    Im Morgengrauen kommen sie uns holen.
    Die Mondmilch trink', das Brot der roten Nacht ist
      dein.
    Nähr' deine Wut, stark mußt du morgen sein,
    willst du dir holen, was sie dir gestohlen.

Stark mußt du werden, Kind der Wellblechhütte,
dein Vater ging und brach in die Profite,
und liegt zerbrochen jetzt im großen Stadion.
Ach, ehe sie dich tauften, verkauften sie dich schon.

    Bleib' wach, mein Kleiner, du mußt wach sein.
    Dein Vater treibt im Fluß und kommt nie wieder.
    Die Mondmilch trink', das Brot der roten Nacht ist
      dein.
    Sing' deine Wut, das müssen Lieder sein,
    viel stärker noch als der Erschlagenen Lieder.

VII
EPILOG

Ein paar Jahre später: die nächste Generation übt schon an den Instrumenten. (Fotograf unbekannt.)

Ein Ende ohne Ende
209

Lieder zur Lage
210

Lieder der Urfassung
217

Ein Gespräch mit dem Regisseur
222

Ein Gespräch mit einem Musiker
224

Bericht einer Forscherin
226

EIN ENDE OHNE ENDE

Der Ausklang der »Proletenpassion« ist uns bei der Uraufführung nicht wirklich gelungen – und eigentlich auch später nicht. Ich meine, daß man spätere Programme der »Schmetterlinge« – besonders »Die letzte Welt« – an die Stelle dieses Ausklangs, der ja eine Weltsicht der Gegenwart bringen sollte, setzen könnte.

Das offensichtliche Nicht-in-den-Griff-Kriegen der Gegenwarts-Station beeinträchtigte übrigens den Erfolg des Gesamtwerks nicht.

Als unfair habe ich immer empfunden, daß die Folgeprogramme der »Schmetterlinge« stets an der »Proletenpassion« gemessen wurden. (»Sehr schön, aber ›Proletenpassion‹ ist es keine...«) Wir hatten später nie mehr die Möglichkeit, so viel Zeit und Energie in ein einzelnes Projekt zu investieren.

Der Epilog wurde im Textheft der Plattenfassung mit dieser Erklärung eingeleitet:

Die Möglichkeit, die großen historischen Abläufe seit dem Ende des 2. Weltkrieges in ähnlicher Form wie die vorhergehenden Stationen zu beschreiben, hatten wir nicht. Zu vieles schien uns wichtig, und jede einzelne Haupttendenz verlangte eine breite Behandlung in einer eigenen Station. (Zum Beispiel die Befreiungskämpfe der unterdrückten Völker, zum Beispiel das letzte Entwicklungsstadium des Imperialismus, oder etwa die Entwicklung des Sozialismus, oder auch die aktuellen Probleme bei uns zu Hause.)

Schließlich ergab sich eine Methode aus der Praxis unserer Konzerttourneen. Wir versuchten im Epilog jene Fragen zu beantworten, die bei den Diskussionen nach unseren Aufführungen am häufigsten gestellt wurden.

Unser Leitgedanke für den Epilog war: Die Lehren aus der Geschichte sollen uns Hilfe bei der Bewältigung aktueller Probleme sein. Denn jetzt sind wir dran, Geschichte zu machen...

LIEDER ZUR LAGE

FRAGELIED 1

Was wir hier spielen auf unseren Gitarren,
das ist die Arbeit von zwei ganzen Jahren.
Warum? Wozu?
Wir produzieren einen runden Klang,
ihr hört uns zu drei Stunden lang.
Warum? Wozu?
Wozu haben wir alle heute Nacht
diese ganze Mühe uns gemacht?
Warum? Wozu?

Ja, da kann man doch nicht einfach sagen:
Es war sehr schön, es hat uns sehr gefreut!
Ja, da muß man sich doch einmal fragen:
Was machen wir damit in unsrer Zeit?

Ja, da darf man sich doch nicht zufriedengeben,
und wir gehen nach dem letzten Lied nach Haus.
Ja, da muß man sich doch endlich einmal umsehen:
Wie sieht unsre Welt denn heute aus?

SUPERMARKT-SONG

Herbeigefahren und eingeparkt!
Hier ist der große Supermarkt!
Hergeschaut und umgesehen!
Wir zeigen euch das Marktgeschehen.
Von der Wiege bis zur Bahre,
alles und alle sind hier Ware.

Äußerst preiswert: Arbeitskraft!
Männer und Frauen und Lebenssaft.
Meinungen von jeder Sorte,
erste Liebe, letzte Worte,
Kredit auf zwanzig Jahre,
alles und alle sind hier Ware.

Ein Supermarkt, wohin man blickt,
auch ein Betriebsrat, der stets nickt,
selbst Gesundheit kann man kaufen,
Wohnung, Freizeit, was zum Saufen.
Wir sind verraten und verkauft!
Wir sind zu Waren umgetauft.

Blauer Mond über dem Parkplatz,
du bescheinst den großen Marktplatz,
wo das Gesetz der Wölfe gilt,
und nichts sonst eine Rolle spielt.
Wir sind Kapital, wir müssen uns lohnen,
in dem Bazar, in dem wir wohnen.

DIE GESCHICHTE VOM ARBEITER WILLI K., DER SICH SELBER WEGRATIONALISIERTE

Was ist das für 'ne Sorte Leben?
Na, so ist das Leben eben.
Un so war es auch schon immer,
nur früher, Kumpel, da war's noch schlimmer.
Drum nähre dich von Krautsalat
und vertrau' auf Vater Staat.

Das ist die Geschichte von Willi K.,
der immer ein fleißiger Arbeiter war.
Am Freitag bracht' er stets genau
sein Säckchen Lohn zu seiner Frau,
doch mault die Frau, kaum daß sie's hat:
»Immer mehr beißt ab der Staat!«

Doch Willi sagt: »Sei ruhig, Schatz!
Wichtig ist nur der Arbeitsplatz,
die Wirtschaft wird stabilisiert,
mit was der Staat von uns kassiert,
sonst könnte es ja nicht geschehen,
daß wir die Krise überstehen.«

Und so passiert's: Es fließen Schätze
zur Sicherung der Arbeitsplätze.
Auch Willis Chef, der hat kassiert,
und den Betrieb rationalisiert.
Bei dem, was die neuen Maschinen verrichten,
kann er glatt auf zwei Dutzend Leute verzichten.

Am Freitag schaut der Willi schief,
zeigt seiner Frau den blauen Brief.
»Von unsrer Arbeit, mit unsrem Geld
hat man uns jetzt ins Eck gestellt.
Wie haben wir uns angeschmiert,
uns selber wegrationalisiert!«

Was ist das für 'ne Sorte Staat,
der für uns nichts über hat?
Jetzt weißt du, Kumpel, jedenfalls,
das ist der Staat des Kapitals.
Und eines stimmt da sicherlich:
Du brauchst ihn nicht, doch er braucht dich.

BILANZ-TANZ

Nach der Pfeife des Kapitals tanzten wir Tarantella.
Die Trommel schägt den Krisenrhythmus immer schneller.
Beenden wir den Tanz.
Jetzt machen wir Bilanz.

Immer weniger besitzen immer mehr, auf der einen Seite,
ihnen gegenüber immer mehr immer ärmere Leute.
Das ist ein Widerspruch
wie aus dem Bilderbuch.

Die ganze Wahrheit ist, das haben wir bewiesen:
Dies ist unsre Welt, doch sind es ihre Krisen.
Sie kriegen den Karren nicht flott.
Die Firma ist bankrott.

In immer größ're Kriege haben sie uns getrieben,
uns als Kanonfutter abgeschrieben.
Nur ein Kampf interessiert:
der wird gegen sie geführt.

Der Globus des Profits samt Zins und Zinseszins,
er taumelt schon am Rande des Ruins.
Nehmt ihnen, eh' sie verbrannt,
die Welt aus der Hand.

FRAGELIED 2

Wenn wir nicht seh'n, daß wir was ändern müssen,
was haben wir davon, Bescheid zu wissen.
Warum? Wozu?
Wenn wir nicht seh'n, was wir gemeinsam können,
was mußten dann die deutschen Bauern brennen?
Warum? Wozu?
Und wenn wir noch immer nicht wüßten, wohin,
wofür kämpfte und starb dann die Commune?
Warum? Wozu?

Ja, da müßte doch noch etwas kommen!
Ja, das kann's doch nicht gewesen sein!
Was tun wir mit den blutigen Lektionen?
Unser Wissen muß unsre Waffe sein.

Ja, da kann man sich doch nicht erst ausruh'n,
weil der Gegner gar so mächtig scheint.
Ja, da müßte man sich doch zusamm'tun,
wir erreichen nur etwas – vereint.

DEMOKRATIE-LIED

Jedes Gramm Demokratie in diesem Laden
haben wir erkämpft und mit Blut bezahlt.
Wo aber steht, daß wir uns damit zu begnügen haben?
Nein, das ist nicht genug – der Laden ist zu kalt.

In jedem vierten Jahr ein Kreuzchen schreiben,
das ist doch nicht der Gipfelpunkt der Volksherrschaft.
Oh nein, ihr Herrn, wir sind nicht so bescheiden,
wir wollen mehr, und das mit aller Kraft.

Wir wollen mehr, mehr, mehr Demokratie!

Es fragt uns keiner heut' nach uns'rem Willen,
wir stecken ungefragt im Kampfanzug.
Kernkraftwerke wachsen ganz im Stillen.
Statt Volksherrschaft herrscht hier der Volksbetrug.

Und immer mehr erkennen: Nicht genügend
ist dieser Staat, und unser nur zum Schein,
gemeinsam kämpfend und gemeinsam siegend,
wird hier das Volk der Herr im Hause sein.

Wir wollen mehr, mehr, mehr Demokratie!

SOZIALISMUS,
DER FÄLLT NICHT VOM HIMMEL

Sozialismus, der fällt nicht vom Himmel,
Sozialismus fällt nicht in den Schoß,
da gibt es kein Glockengebimmel
und keinen Fanfarenstoß.

Sozialismus, den muß man erst bauen.
Und wer, wenn nicht wir, soll das tun?
Da müssen wir alle uns trauen,
und am besten beginnen wir nun.

Sozialismus steht nicht im Kalender,
rot unterstrichen mit Blut,
denn wenn es so wäre, so könnt' er
uns nicht fehlen, so wie er das tut.

Sozialismus wird auf alle Fälle
so, wie wir ihn machen, sein.
Da gibt es auch keine Modelle,
verantwortlich sind wir allein.

WIR LERNEN IM VORWÄRTSGEHN

Der lange Marsch durch die lange Nacht,
die Geschichte hat uns stark gemacht.
Wir sind auf dem Weg, und wir haben im Sinn,
unser Ziel zu erreichen, denn wir wissen, wohin.

    Nichts kann uns dazu bringen,
    habtacht am Fleck zu steh'n
    und niemand kann uns zwingen,
    einen Fehler zweimal zu begeh'n.
    Wir lernen im Vorwärtsgeh'n,
    wir lernen im Geh'n.

Und überall nimmt Land für Land
sein eig'nes Geschick in die Hand.
Wir sind auf dem Weg, und wir sind nicht allein,
jetzt ist die Zeit, da sich die Völker befrei'n.

Figurine aus Ungers Skizzenbuch.

Nichts bringt uns mehr zum Steh'n,
die Strecke wird genommen.
Wir wissen, wohin wir geh'n,
weil wir wissen, woher wir kommen.
Wir lernen im Vorwärtsgeh'n,
wir lernen im Geh'n.

LIEDER DER URFASSUNG

Kuckuck, kleiner Mann, wo bist du heute?
Kuckuck, wo sind all die kleinen Leute?
Kuckuck, kleiner Mann, reib' dir die Augen,
damit sie für den Durchblick wieder taugen.

REZEPT FÜR ZERSPRAGELTEN VOLKSAUFLAUF

Das ist das große Kochrezept,
wie man ein Volk einkocht,
daß es in süßem Frieden lebt,
mit dem, der's unterjocht.

Es wir die Masse unterteilt,
in äußerst kleine Schnitz'l,
und jedem Franz wird mitgeteilt,
sein Gegner heiße Fritzl.

Umd eine Prise Vorurteil
staubt man in feinen Wölkchen,
damit treibt man Keil um Keil
in das zerspaltne Völkchen.

Allmählich wird's den Blonden klar,
wie sie sich unterscheiden,
von jenen mit dem schwarzen Haar,
die können sie nicht leiden.

Und dazu reibt man die Substanz
aus nationalen Tönen.
Da spaltet sich, was einst »lei ans«,
in Kärntner und Slowenen.

Es leben lang, es leben hoch
die kleinen Unterschiede.
Spaltung ist der beste Koch,
kosten Sie doch, bitte.

Es ist ein köstliches Gericht,
und man erreicht damit:
Wer davon ißt, der merkt ihn nicht,
den großen Unterschied.

KUCKUCK, KLEINER MANN

Kuckuck, kleiner Mann, reib' dir die Augen,
damit sie für den Durchblick wieder taugen.

Kleiner Mann, wohin bist du entschwunden?
Wer baut die Häuser, macht die Überstunden?

Man sieht dich nicht, auch nicht im Fernsehen,
dort kann man meist nur die großen Herrn sehen.

Man hört dich nicht, du stehst daneben,
du hast wohl deine Stimme abgegeben.

Du liest die Zeitung, die dein Feind dir druckt,
und wirst von oben bis unten angespuckt,

und kommst nur vor in der Gerichtssaalspalte.
Sag', kleiner Mann, bist du noch der Alte?

Vor Zeiten gab's für dich nichts zu verlieren,
da hattest du es leicht, zu revoltieren.

Da ist man schließlich übereingekommen,
und hat dir diese Chance auch genommen,

indem man, wenn du nach der Pfeife tanzt,
dir etwas gibt, was du verlieren kannst.

Ein bißchen Standard können sie dir gönnen,
als Schweigegeld, daß wir das Kind beim Namen nennen.

ES HAT DIE WELT EIN HINTERTEIL

Es hat die Welt ein Hinterteil,
vom Erdenball zwei Drittel,
wo Mensch und Rohstoff noch wohlfeil,
für Ordnung sorgen Büttel.

Und wer sich umschaut mit Verstand,
der weiß, was das bedeutet,
die werden in dem fernen Land
drei-, vierfach ausgebeutet.

Wir alle naschen daran mit,
vom Schweiß der Unterdrückten,
was Monopole mit Profit
in fernen Ländern pflückten.

Die Fackel brennt am End' der Welt
und lodert immer stärker,
sie sind in Marschreihen aufgestellt
in ihrem großen Kerker.

Sie kämpfen einen stolzen Kampf,
und viele sind schon Freie.
Die Landkarten werden eingestampft,
man braucht schon täglich neue.

Sie sind so fern, sie sind so weit,
was scheren uns ihre Kriege?
Die Welt ist klein in dieser Zeit.
Uns stärken ihre Siege.

Ein jeder kämpfe, wo er steht,
vor seinem eigenen Stadttor.
Die große Solidarität
wirkt rund um den Äquator.

Der kleine Mann ist überall,
wo Unterdrücker schinden,
und um den ganzen Erdenball
müssen wir uns finden.

Wir haben einen Weg gewählt,
der aus dem Schatten führt,
damit die ganze blaue Welt
zur Kommune wird.

SCHLUSSLIED ÜBER DIE EINIGKEIT

Jetzt gegen Ende können wir verraten,
daß wir mit dem Ende Sorgen hatten.
Wir meinen aber, ihr sollt davon wissen,

schaut also freundlichst hinter die Kulissen,
wie wir stritten, wie wir uns zerrieben,
als wir diese schönen Lieder schrieben.

Die Akkorde stritten über Wichtigkeiten,
und über unsern Partiturenseiten
ballten sich fauler Witz und blauer Rauch,
und disharmonisch klang es manchmal auch.
Die schönen Töne hieben sich die Köpfe ein,
das Pathos forderte, es wollte vorne sein.

    Da wird's Zeit, daß ihr alle erkennt,
    uns verbindet viel mehr, als uns trennt!
    Unsre Feinde sind einig am Werke,
    Solidarität uns're einzige Stärke.
    Wenn ihr mit Worten euch begnügt,
    wer profitiert davon?
    Dann habt ihr ja gar nichts mitgekriegt
    von der ganzen Proletenpassion.

Einig zogen wir durch die Dickichte
der Wissenschaften und der Weltgeschichte,
da hatten wir noch einen blauen Dunst
um das, was nottat, und der Rest war Kunst.
Jedoch die Harmonien wurden hart,
als immer näherkam die Gegenwart.

Es wäre wirklich unfair, zu verschweigen,
daß wir zur Fraktionierung neigen.
In der Vergangenheit war's leicht zu glänzen,
nur mit der Zukunft gibt es Differenzen
über die Frage, welchen Weg man nimmt.
Nur eins ist klar: Die Zukunft kommt bestimmt.

    Da wird's Zeit, daß ihr alle erkennt,
    uns verbindet mehr, als uns trennt!
    Unsre Feinde sind einig am Werke,
    Solidarität ist uns're einzige Stärke.
    Wenn ihr mit Worten euch begnügt,
    wer profitiert davon?
    Dann habt ihr ja gar nichts mitgekriegt
    von der ganzen Proletenpassion.

Im Archiv der abgelegten Texte fand ich diesen frühen, dann verworfenen Versuch eines lyrischen Schlußliedes...

ALLES FLIESST

Die versäumten Lieben
weinen dir nicht nach,
liegen lang schon unter anderm Dach.
Ungesung'ne Lieder
machen keinen Krach,
durchdringen keine Gitter, Brüder!

    Nichts hält sich so, wie es ist.
    Wo ist das Joch, das besteht?
    Alles fließt!
    Großes vergeht,
    Goldenes rinnt in das Feuer...

Die verschluckte Wahrheit
kratzt im Hals, mein Kind,
und der graue Lügenregen rinnt.
Still geballte Fäuste
treffen meist nur Wind
und sind nur im Geiste Fäuste.

    Nichts hält sich so, wie es ist.
    Wo ist das Joch, das besteht?
    Alles fließt!
    Großes vergeht,
    Goldenes rinnt in das Feuer...

Die verlor'nen Stunden
fallen unters Bett,
warten, wie die Sache weitergeht.
Ungescheh'ne Taten
machen Ratten fett,
die verfress'nen, satten Ratten...

EIN GESPRÄCH MIT DEM REGISSEUR

Wesentlichen Anteil an dem Erfolg hatte die Realisation durch Dieter Haspel, der seinen ganzen Produktionsstab mitbrachte: die (heute an deutschen Theatern wirkende) Dramaturgin Suzanne Abbrederis, den Bühnengestalter Georg Resetschnig (der seither mit großen Gestaltungen – etwa für André Hellers Projekte – fachlichen Ruhm erntete), die Kostümbildnerin Evelyn Luef.

Die szenische Umsetzung der komplizierten Inhalte wurde noch durch die an den Kabeln ihrer elektronischen Instrumente »hängenden« Musiker und viele andere technischen und organisatorischen Probleme erschwert.

Etwa zwölf Jahre nach der Uraufführung waren wir wieder in einem Konzert der »Schmetterlinge« und hörten wieder die »Proletenpassion« in ihrer abgespeckten, windschlüpfrigen Tourneefassung. Da sah ich den Dieter Haspel an manchen Stellen wütend aufspringen (wie er es wohl im Wiener Hanappi-Stadion tut, wenn Rapid ein Tor kriegt), und ich konnte seinen Schmerz verstehen. Der Fluß der Zeit hatte seine Edelsteine zu glatten Kieseln geschliffen. Da dachte ich mir, wir müssen darüber reden...

Frage: Wenn du dich so zurückerinnerst, was ist der wesentliche Unterschied zwischen jetzt und damals?

Dieter Haspel: Ich glaube, der Unterschied liegt im Inneren, in der Grundhaltung. Damals gab es eine Aufbruchstimmung...

Frage: Heute nicht?

Dieter Haspel: Nein, heute nicht. Heute hat zwar jeder von uns seine Erfolge, aber keine Aufbruchstimmung. Wir beschäftigen uns heute mit Rudimenten von damals, wir sind in unserer künstlerischen Arbeit gesellschaftlich unzureichend verankert.

Frage: Aber damals waren wir doch auch nicht »gesellschaftlich verankert«...

Dieter Haspel: Der ganze Versuch der Arenabewegung war so etwas wie ein letztes Aufflackern, eine letzte Gegenwehr, gegen etwas, das man schon lange auf sich zukommen spürte. Es war irgendwie dieses anarchistische Element... Es war so ein

»Second-hand-Gefühl«, die Besetzung der Arena nach der letzten Vorstellung. Hier besteht ja auch ein deutlicher Zusammenhang zur »Proletenpassion«, ich meine, die historischen Momente sind toll aufgearbeitet, aber in der Gegenwart – ein totales »Schwimmen«, das Jetzt, das Heute bleibt ungeformt... Damals arbeitete ich ja zur gleichen Zeit an einem sehr politischen Theater in Tübingen, und so empfand ich die »Arena« als im Grunde unpolitisch, als Ausdruck der Sehnsucht nach gegenseitigem Verstehen...

Frage: Wie war denn damals die Arbeit mit den Schmetterlingen? Ich erinnere mich doch, daß sie – die ja nicht vom Theater kamen – Regisseuren mit einem gewissen Mißtrauen begegneten...

Dieter Haspel: Ich habe die Arbeit als sehr schön in Erinnerung, weil es durch die Funktionsteilung keinerlei Probleme gab. Und dann, jeder einzelne stand ja dahinter... Ich erinnere mich zum Beispiel an die Szene mit dem Can-Can-Tanz... beim Training... die Schmerzen, die die Trixi beim Spagat hatte, aber nie zeigte...

Frage: Worüber bist du heute enttäuscht?

Dieter Haspel: Das war damals eine sehr aufwendige Arbeit, es ging nicht nur um Regie, es waren zum Beispiel auch ausgefeilte, verfeinerte Elemente der Lichtgestaltung, der Choreographie und so weiter beteiligt. Meine Enttäuschung gilt vor allem einer späteren »Beliebigkeit« der Präsentation. Ich meine, wir hatten damals Kürzel, optische Formeln gefunden... Diese Qualität ist verlorengegangen.

Und dann, man kann sich nicht distanzieren von etwas, das historisch wirklich passiert ist... Das darf man nicht, den dann ist man klüger als etwa die Opfer einer historischen Entwicklung...

Also, wenn ich mich etwa über das »Lied der Partei« lustig mache, dann stimmt 'was nicht, entweder beim Publikum oder bei mir. Wenn das Lied nicht das einlöst, weshalb wir es ja gemacht und an diese Stelle gesetzt haben... die Inhalte nicht mitteilt, das Pathos nicht vermittelt... also, was Bertolt Brecht »aktualisieren durch historisieren« nennt...

Wir sind ja schließlich alle »Nachgeborene«. Wenn 60.000 Leute zu einem Rock-Konzert strömen, dann wollen sie ein gemeinsames Erlebnis! Und das kriegen sie, wenn dann einer – vor diesen 60.000 – ein Lied über Einsamkeit singt...

EIN GESPRÄCH MIT EINEM MUSIKER

Es ist zwar verständlich, aber dennoch bedauerlich, daß in einem Buch über ein musikalisches Werk der Gehörsinn zu kurz kommt. Und da die Hälfte der Qualität der »Proletenpassion« aus Musik besteht, lag der Gedanke nahe, einen der Komponisten und Interpreten zu Wort kommen zu lassen.

Frage: Georg Herrnstadt, kannst du dich eigentlich noch erinnern, wie das mit der Proletenpassion begonnen hat?

Georg Herrnstadt: Vorweg hatten wir unsere Herangehungsweise in zwei Richtungen entwickelt. Zunächst die musikalische Arbeit, da war anfangs noch vieles unklar. Und zweitens die Arbeit am Inhalt, unsere eigentliche Motivation war ja, daß wir da eine starke inhaltliche Verantwortung gefühlt haben. Dazu gehörte dann auch eine gemeinsame Bewußtseinsarbeit als Gruppe ... daher bildeten wir Arbeitskreise. Etwa ein halbes Jahr verstrich ausschließlich mit inhaltlicher Arbeit. Es ist heute schwer zu bestimmen, wie wichtig das war, also etwa ein Lenin-Arbeitskreis, oder die Beschäftigung mit Musik von Eisler ...

Frage: Ihr habt euch damals doch viel vorgenommen und die berufliche »Latte« ziemlich hoch gelegt. War das Produkt dann so, wie ihr es euch vorgestellt habt?

Georg Herrnstadt: Vorgenommen hatten wir uns Stileinheit und trotzdem Abwechslung, und zwar nach einem inhaltlich begründeten Schema. Anfangs war da eine sehr intensive Phase vor allem mit dem Willi Resetarits, ein langes Nachdenken, welche Inhalte die Stationen haben sollten. Und da war ja sofort klar, daß bestimmte Themen ganz eindeutige musikalische Formungen brauchten, also zum Beispiel die Bauernkriege Annäherungen an die Volksmusik und die Harmonik barocker oder klassischer Elemente, oder die Faschismus-Station typische Musikelemente der zwanziger Jahre. Der musikalische Spielraum war vorgegeben, durch das, was wir konnten beziehungsweise nicht konnten ... Heute beherrschen wir ja viel mehr Instrumente als damals, wir versuchten aber, alles auszunützen, was vorhanden war, und wir sind ganz stark an unsere Grenzen gegangen ...

Frage: Ich habe manchmal Schwierigkeiten mit der Mentalität der Gruppe gehabt. Manches war mir zu wenig profimäßig... Sagen wir, »ein bisserl ein Chaos war immer dabei...«

Georg Herrnstadt: Ja, wir sind im Grunde eben keine beinharten Profis. Mir ist die Frage, ob ich glücklich bin, wichtiger als die Frage, ob ich mir ein paar goldene Schallplatten auf's Häusl häng'...

Frage: Jetzt wird das alles in einem Buch dokumentiert... Gibt es etwas, was du da schwarz auf weiß noch darin stehen haben willst?

Georg Herrnstadt: Na ja, es hat da einige Kränkungen in Fragen der Anerkennung gegeben. Das Ganze war schließlich unsere Idee. Und dann war es ein unerhörter menschlicher Aufwand, dich mit den Fakten zu beliefern,... dich zu motivieren,... dich zum Dichten zu peitschen..... Na ja, jedenfalls war es nicht nur so, daß da ein genialer Dichter was gedichtet hatte und ein großartiger Regisseur das dann inszeniert hat, und die »Schmetterlinge« wären nichts als die musikalische Exekutive gewesen... Nicht wahr?

BERICHT EINER FORSCHERIN

Die »Proletenpassion« war schon öfter Gegenstand oder zumindest Nebenthema von Dissertationen oder akademischen Hausarbeiten gewesen. Eine der ungewöhnlichsten und ehrgeizigsten Arbeiten hat sich aber Inge Karger in Oldenburg vorgenommen. Schade nur, daß die Ergebnisse ihrer Feldforschung über die Auswirkungen politischer Kunst nicht vor der Approbation Ihrer Dissertation veröffentlicht werden dürfen. Sie hat mir aber freundlicherweise den folgenden Bericht »Proletenpassion aus der Forschungsperspektive«[1] zur Verfügung gestellt...

Februar 1978. Im tiefverschneiten Wien war ich schon einige Tage unterwegs auf der Suche nach einem Praktikum im Bereich Musiktherapie. An einem Abend nahmen mich Freunde mit ins Studio der Musikgruppe »Schmetterlinge« in Bisamberg bei Wien. Die Gruppe arbeitete gerade an Musik-Aufnahmen zu einem Film über die »Pariser Kommune«, und wir hörten zu. Anschließend, beim gemeinsamen Heurigenbesuch, erfuhr ich einiges über die Gruppe und ihre politisch-musikalischen Aktivitäten. Einige Wochen später las ich dann in Aachen die Ankündigung einer Proletenpassion-Aufführung, und es war klar, daß ich mir das ansehen und anhören mußte. Und ich war überwältigt. Das hatte ich diesen Musikern, die da im Studio recht schwungvoll »Jetzt kommen die Vampire...« zur Musik aus »Orpheus in der Unterwelt« gesungen hatten, nun doch nicht zugetraut. Diese Art, politische Lieder zu singen, war von anderer Qualität als alles, was mir bisher zum Thema »Politisches Lied« begegnet war.

Im Sommer 1978, während meines Wiener Praktikums, erlebte ich hautnah den Kampf gegen das Atomkraftwerk Zwentendorf. Die Volksabstimmung stand vor der Tür, und es gab für AKW-Gegner und -Gegnerinnen viel zu tun. Demonstrationen, Kundgebungen, Konzerte, überall war etwas los, begleitet von musikalischen Aktivitäten. Die Gruppe »Schmetterlinge« war, neben der gesamten Wiener »Szene«, aktiv an diesem politischen Kampf beteiligt.

Ein paar Tage nach der legendären Volksabstimmung im November 1978, in der sich 50,4 Prozent der Bevölkerung gegen das Atomkraftwerk entschieden, sah ich die Schmetterlinge bei einem Konzert in Kassel wieder. Nie mehr habe ich die Gruppe in einer ähnlichen euphorischen Stimmung auf der Bühne gesehen. Fast tanzend vor Freude schilderten sie in ihrem Lied »Liebesgrüße aus Österreich« den erfolgreichen Kampf gegen die Atomindustrie. Bei diesem Konzert wurde deutlich, daß es sich um eine Musikgruppe handelt, die mit ihren musikalischen Mitteln in einer konkreten Bewegung aktiv ist. Die Schmetterlinge schafften es hier, im Konzertsaal, etwas vom politischen Kampf auf der Straße zu vermitteln. Diese Transferierung der Funktion politischer Lieder von der Straße in den Konzertsaal ist aber nicht bei jedem Konzert mit politischen Liedern zu erleben. Das konnte ich in den folgenden Jahren in vielen Konzerten dieser Art feststellen. Eine solche Spannung, wie ich sie in Kassel erleben konnte, war selten zu spüren, im Gegenteil, die Aufführung politischer Lieder im Konzertsaal kam mir häufig wie ein zelebriertes Ritual vor. Dabei war die Musik oft so dürftig, daß ich mich fragte, ob denn die Qualität politischer Lieder nur noch nach den Texten beurteilt wird und die Musik eine untergeordnete Rolle spielt. In anderen Konzerten wiederum dominierte die Musik so stark, daß die Texte unverständlich waren und die kommunikative Funktion politischer Lieder, die doch Botschaften übermitteln sollen, auf der Strecke blieb.

In den vergangenen Jahren fragte ich mich oft, welche Funktion denn der Besuch von Konzerten mit politischen Liedern für die Besucherinnen und Besucher haben mag. Ist hier Politik Alibi für ein schönes Fest, das man sich sonst vielleicht nicht erlauben würde, weil die politische Einstellung nur Feste gestattet, die irgendwie einen tieferen Hintersinn haben? Oder spielen die Musikgruppen unter Konzertbedingungen, weil sie nicht mehr aktiv in einer Bewegung stehen? Handelt es sich bei den Konzert-Besuchern vielleicht um alte Polit-Freaks, die ins Konzert gehen, um in Erinnerungen an alte Zeiten in einem heroischen Gefühl zu schwelgen? Dient der Konzertbesuch als Ersatzhandlung für eine Demonstration, zu der man keine Lust mehr hat? Kann denn eine Konzertsituation überhaupt aktivieren oder entpolitisiert sie nur? Diese und ähnliche Fragen gingen mir in der Vergangenheit oft so durch den Kopf, und ich entwickelte einen Plan für ein konkretes Forschungsvorhaben zum Thema »Politisches Lied im Konzertsaal«. An der Universität Oldenburg fand ich die wissenschaftliche Betreuung und Unterstützung für diese Arbeit.

Bei meiner Untersuchungs-Fragestellung schien es zweckmäßig, die Datenerhebung entlang der musikalischen Tätigkeit einer einzigen Musikgruppe zu planen. Klar, daß ich mich für die Schmetterlinge entschied, zumal sie mir von ihrem musikalischen und textlichen Ansatz her für meine Fragestellung geeignet erschienen. Mit dem Einverständnis der Gruppe für eine solche Unternehmung erreichte mich auch die Nachricht, daß sie demnächst wieder mit der Proletenpassion auf Tournee gehen würde. Zuerst wußte ich nicht, ob ich darüber glücklich sein sollte, doch je mehr ich darüber nachdachte, um so mehr erschien mir gerade dieses Programm für meine Fragestellung sinnvoll.

Für eine Untersuchung, ob politische Lieder im Konzertsaal eine Relevanz haben, ist es günstig, ein Konzertprogramm mit Vergangenheit zu haben, denn dadurch wird das Problem auf die Spitze getrieben. Normalerweise ist es auf dem Sektor »Politisches Lied« unvorstellbar, daß nach circa zehn Jahren ein Konzert fast unverändert wiederaufgeführt wird, wie mit der Proletenpassion geplant, so etwas passiert eigentlich nur im bürgerlichen Musikleben. Das versprach, spannend zu werden!

Im Herbst 1987 erlebte ich also erneut die Proletenpassion, diesmal aus der Forschungsperspektive. Meine Helferinnen und Helfer und ich gingen in verschiedenen Städten in die Aufführungen der Proletenpassion, und wir mischten uns mit unseren Mikrophonen unter das Publikum.

»Bitte, darf ich Sie etwas fragen? – Warum sind Sie heute abend hier?« fragten wir die Besucher vor Beginn des Konzerts. Die Reaktionen fielen unterschiedlich aus: Wir wurden bestaunt, mißtrauisch angeschaut, abgewiesen (die Volkszählung wirkte noch nach), aber in sehr vielen Fällen kam doch wie selbstverständlich die Antwort: »Ja, weil ich die Schmetterlinge mit der Proletenpassion sehen will!« So, als sei dann, wenn die Schmetterlinge spielen, und erst recht bei der Proletenpassion, der Konzertbesuch eine Selbstverständlichkeit. Und außerdem kenne man schließlich die Schallplatte und wolle nun das Live-Erlebnis haben! Viele der Befragten hatten die Proletenpassion bereits einmal vor zehn Jahren gesehen, aber es kamen auch jüngere Besucherinnen und Besucher zu den Konzerten. Die jüngste Zuhörerin, die ich befragte, war ein neunjähriges Mädchen, der älteste Zuhörer, der mir in der Eingangsbefragung begegnete, war 76 Jahre alt. Am stärksten waren wohl die 30er-Jahrgänge vertreten, wobei sich von Konzert zu Konzert der Altersschwerpunkt geringfügig nach oben oder unten verlagerte.

Sie kamen oft in kleineren oder größeren Gruppen, die Besucher und Besucherinnen, und Solidarität mit Gleichgesinnten zu finden, wurde häufig als Beweggrund, in das Konzert zu gehen, genannt. Viele der Befragten hatten irgendwie eine persönliche Beziehung zu den Schmetterlingen und zur Proletenpassion, sei es aus der individuellen politischen Geschichte heraus (68er-Generation), sei es durch aktuelle politische und gewerkschaftliche Arbeit oder durch die Kenntnis des Werks von der Schallplatte, die häufig auch bei politischer Bildungsarbeit eingesetzt wird. Eine Münchnerin feierte ihren 50. Geburtstag mit der Proletenpassion: Sie kenne die Schmetterlinge von Hannover, ...sie finde die Musik farbig und schön, auch die Texte seien schön, sie habe sie schon mitstenographiert, gibt sie in der Eingangsbefragung an. Ein 22jähriger Student will sich am Konzertabend abreagieren, weil ihn heute schon der S. (er nennt den Namen eines Politikers) geärgert habe und er einen Riesen-Bullenterror an der Hochschule gehabt habe und er es einfach satt habe.

Es gibt die unterschiedlichsten Beweggründe, in das Konzert mit der Proletenpassion zu gehen. Eins ist aber klar: Beim Publikum der Schmetterlinge handelt es sich um ein Fan-Publikum, und die Proletenpassion hat soviel Anziehungskraft, daß sie zu einem erneuten Besuch des Konzerts nach vielen Jahren bewegen kann.

In der Konzertpause kam dann der schwierigste Teil der Datensammlung. Es galt, Partnerinnen und Partner für Intensiv-Interviews zum Konzerterleben zu gewinnen. Ein bis zwei Stunden sollte ein solches Interview dauern und an den folgenden Tagen stattfinden. Ich war sehr skeptisch! Zu meinem Erstaunen war aber mehr Interviewbereitschaft vorhanden, als ich vermutet hatte. Der Hinweis in der Begrüßungsrede der Schmetterlinge, daß es sich bei den Menschen mit den Mikrophonen nicht um Abonnement-Verkäufer handle, sondern, daß die Befragung im »Dienste der Wissenschaft« geschehe, war sehr hilfreich für die weitere Datensammlung. Es war eine gewisse Vertrauensbasis geschaffen, so nach dem Motto: »Die Schmetterlinge wissen von dieser Aktion, also können wir uns darauf einlassen!«. Die Schmetterlinge scheinen bei ihrem Publikum Autorität zu besitzen!

Die Tatsache, daß sich Konzertbesucherinnen und -besucher überhaupt zu einem Intensiv-Interview bereit fanden, kann allerdings auch ein Indiz dafür sein, daß ein Bedürfnis nach Überdenken und Gesprächen im Zusammenhang mit der Proletenpassion besteht. Von den Beteiligten wurde mir nach dem Interview häufig gesagt, daß dieses Rückerinnern und Bearbeiten des Konzerterlebens eine positive und angenehm vertiefende Wirkung gehabt habe, was sie gerade für ein Stück wie die Proletenpassion sehr wichtig fanden. Überwiegend war die Auffassung vorhanden, daß die Proletenpassion kein Konzert im üblichen Sinne sei, also nicht dem bloßen Genuß zu dienen habe, sondern der Proletenpassion wurden weitergehende Funktionen zugeschrieben.

Interessante Resultate scheint die Befragung nach Konzertende zu bringen. Es ist zu früh, an dieser Stelle bereits Ergebnisse vorzustellen. Ein paar dieser Äußerungen sollen jedoch exemplarisch zitiert werden, ohne den Anspruch auf Repräsentativität zu erheben.

Auf die Frage, was er denn jetzt, unmittelbar am Ende des Konzerts empfinde, antwortete ein Besucher im Ruhrgebiet: »...schön...marmorn schön...zu schön...ich werd' auch 'n bißchen traurig, weil ich so...im Grunde 'n 68er bin,...und vor zehn Jahren die Schmetterlinge mir sehr viel gesagt haben, mir tief 'reingegangen sind, und jetzt sitz' ich da und... sehe recht keinen Ansatz, keinen praktikablen Umsetzungsweg von dem, was sie da singen. Das ist ästhetischer Genuß, das ist Genuß, ich kann's genießen, aber... ich bin gleichzeitig auch so blockiert...«.

Diese Traurigkeit wurde häufig spürbar, besonders, wenn ältere Besucher und Besucherinnen die Hoffnung, die sie sich so Ende der siebziger Jahre gemacht hatten, verglichen mit dem, was heute daraus geworden ist. Neben Äußerungen, die eine solche resignative Traurigkeit enthalten, gibt es sehr viele Äußerungen, die einen Bestärkungsaspekt herausstellen, zum Beispiel »...baut mich auf...« oder »bin aufgemuntert und ermutigt« oder »gibt Kraft und Mut weiterzumachen« oder »ich fühl' mich bestärkt« usw. Wieder andere Antworten weisen auf Solidaritätsgefühle hin: »...es ist immer schön, wenn man weiß, daß es noch andere Menschen gibt, die so denken, wie man selber, das macht einfach Mut...«.

Berührt und bewegt schienen fast alle Befragten zu sein, viele waren müde und hungrig, einige erschöpft. Eine junge Kölnerin antwortete am Ende des Konzerts auf die Frage nach ihren Empfindungen: »Ja, also total vollgeballert, also, das war für mich so... an der Grenze des Fassungsvermögens, das heißt, ich bin da irgendwie auch relativ sprachlos, muß ich erstmal verdauen.« Auf die emotionale Wirkung der Proletenpassion wird in einigen Äußerungen direkt Bezug genommen, zum Beispiel »mich trifft es im Bauch« oder »...fühl' mich ermutigt...« oder »damals (vor zehn Jahren, Anm. d. V.) war viel mehr an Adrenalin im Bauch... das Gefühlsmäßige war damals stärker«. Mehr Erkenntnisse über die emotionale Wirkungsweise von Text und Musik wird sicher später die Auswertung der Intensiv-Interviews bringen. Aber die Schlußbefragung gibt schon sehr deutliche Hinweise auf eine starke emotionale Wirkung der Proletenpassion.

Schwer einzuschätzen ist die Wirkung der Proletenpassion auf jüngere Zuhörer und Zuhörerinnen. In den Intensiv-Interviews konnte ich anfänglich den Eindruck bekommen, die Proletenpassion würde heute eine ähnliche Wirkung auf die Jugendlichen haben, wie sie sie zu ihrer Entstehungszeit hatte. Beobachtungen bei zwei Schülerkonzerten ließen mich aber wieder an dieser Einschätzung zweifeln.

Es gab unterschiedliche Reaktionen. Einige Schüler schimpften in der Pause, das sei Geschichtsnachhilfe, die Musik sei zu laut, man müsse sich zu sehr konzentrieren, die Musik passe nicht zum eigentlich recht interessanten Thema, andere meinten wiederum, die Musik sei gut, aber das Gesinge hätte man weglassen können, und so weiter. Eine 21jährige Schülerin begründete ihren Weggang nach dem 1. Teil folgendermaßen: »Ich muß dazu sagen, daß ich nur den 1. Akt miterlebt habe, weil es mir einfach zu laut war, zu unbequem, und ... weil ich mich dann auch nicht konzentrieren kann richtig ... außerdem war es unheimlich viel, ... sie hätten vielleicht mehr sprechen sollen ... es war wirklich fast ein Konzert nur ... aber normale Konzerte sind eben so, daß man sich die Musik anhört, und daß man nicht auf den Text so achten muß. Und bei politischen Sachen, also halt bei solchen, wo es fast ein bißchen Kabarett war, muß man ja wirklich auf den Text achten, um das auch wirklich mitzukriegen und zu verstehen, ... dafür war es einfach zuviel ... zu schnell hintereinander ... mir war es viel zu laut, mir sind teilweise die Ohren abgefallen und ... dann hatte ich keine Lust mehr, mich zu konzentrieren ...«

Ein anderer Schüler antwortete auf die Frage, ob er im Konzert Walkman gehört hatte (es trugen während des Konzerts einige Schüler Kopfhörer!): »Ne, wollte ich, habe aber nichts verstanden, die waren lauter als mein Walkman.« Ein anderes Mädchen fühlte sich durch die Störmanöver ihrer Mitschüler sichtlich beeinträchtigt, denn sie äußerte den Wunsch, sich die Proletenpassion in einem Abend-Konzert noch einmal in Ruhe anzuhören.

Auffallend ist, daß es mir bei den Schülerkonzerten nicht gelungen ist, Jugendliche zu einem Intensiv-Interview zu bewegen, obwohl ich mich doch gerade hier sehr ins Zeug gelegt hatte, es half nichts, sie wollten nicht. Die interviewbereiten Jugendlichen hatte ich alle in einem Abend-Konzert geworben. Bei ihnen kam die Proletenpassion relativ gut an, was ein Indiz dafür sein könnte, daß die Atmosphäre im Konzert eine Rolle für die Wirkung der Proletenpassion spielt. Als Pflichtveranstaltung absolviert, scheint die Proletenpassion nicht sehr erfolgreich zu sein!

Bei den bisher aufgezeigten ersten »Schlaglichtern« aus meiner Datensammlung handelt es sich um grobe Einschätzungen, Tendenzen, die sich bei genauer Datensichtung noch verschieben können. Meine »Forschungsreise mit der Proletenpassion« hat eine unerwartete Menge an Befragungen und Datenmaterial ergeben, und es wird eine Weile dauern, bis die gesammelten Ergebnisse vorliegen.

Rückblickend kann ich sagen, daß es sicher ein glücklicher Zufall war, daß meine Datenerhebung entlang der Proletenpassion-Tournee erfolgte. Dadurch waren die Arbeitsbedingungen günstig: Die Veranstalter machten selten Schwierigkeiten, die Musiker zeigten sich hilfsbereit und kooperativ, und beim Publikum handelte es sich durchwegs um freundliche, hilfsbereite und engagierte Menschen, die sich ernsthaft mit der Proletenpassion auseinandersetzten. Die Arbeit mit den Interviews ist interessant, denn es ist »lebendiges Datenmaterial«, und ich kann mich hin und wieder über schöne und treffende Formulierungen freuen, zum Beispiel wenn mir meine jüngste Interview-Partnerin – neun Jahre alt – die Wirkungsweise der Musik in der Proletenpassion folgendermaßen beschreibt: »Ja, da kann ich mehr drüber nachdenken, weil, wenn die Musik dann hart ist, dann hab' ich irgenwie mehr Schwung drinnen, dann bin ich irgendwie richtig sauer... über früher... wenn der Zar, die Könige da das gemacht haben... da hatte ich irgenwie richtig Wut auf die... bei dem Lied, da haben die auch wieder mit der Trommel... und der haut auch immer so schwungvoll da drauf,... da muß ich einfach nachdenken, geht gar nicht anders!«

Dies »...da muß ich einfach nachdenken...« charakterisiert gut die Grundtendenz meines ersten Eindrucks über die Publikumswirkung der Proletenpassion. Obwohl viele »Altveteranen« mit ihren Erinnerungen aus der 68er-Bewegung ins Konzert gekommen waren, habe ich doch den Eindruck gewonnen, daß das heutige Publikum der Schmetterlinge sich differenziert mit der Proletenpassion auseinandersetzt. Dies könnte ein erster, vorsichtiger Hinweis darauf sein, daß für Konzerte mit politischen Liedern meine anfänglich geschilderten Befürchtungen über die entpolitisierende Wirkung doch nicht so berechtigt waren.

ANHANG

Der Autor
234

Anmerkungen
235

Quellen- und Copyrighthinweise
237

Verzeichnis der Liedtitel
238

DER AUTOR

HEINZ R. UNGER wurde 1938 in Wien geboren, erlernte ab 1953 den Beruf eines Schriftsetzers, wurde 1958 Verlagshersteller und 1960 Werbetexter. Ab 1963 arbeitete er als Zeitungsredakteur, seit 1968 lebt er als freischaffender Schriftsteller in Wien.
Erste Veröffentlichung einer Kurzgeschichte 1956 (Arbeiter-Zeitung). Von da an vermittelte die literarische Agentur von Joseph Kalmer, London, zahlreiche Kurzgeschichten in alle deutschsprachigen Redaktionen. (Etwa an »Simplicissimus« ab 1963, »Stern« 1963, 1964 u.v.a.).

BÜCHER:

»In der Stadt der Barbaren«, ein Lyrik-Band über einen einjährigen Aufenthalt in New York. Verlag Jugend und Volk, Wien 1971. *»Venceremos«*, Lyrik zu Radierungen des Malers Herbert Traub, Mappe zu einer Ausstellung in der Wiener Secession anläßlich des ersten Jahrestages des Pinochet-Putsches in Chile. Daraus erste Liedtexte für die Musikgruppe »Schmetterlinge«. Wien 1974. *»Verdammte Engel – arme Teufel«*, zwei Theaterstücke in der Reihe »Der Souffleurkasten«, Thomas Sessler Verlag, Wien 1979. *»Das Lied des Skorpions«*, Lyrik-Band, Verlag Jugend und Volk, Wien 1979. *»David und Overkill«*, ein Sammelband von Lyrik und Prosatexten, Verlag Frischfleisch, Wien 1981. *»Die Republik des Vergessens«*, Buchausgabe der drei Stücke »Unten durch«, »Zwölfeläuten« und »Hoch hinaus«, Europa Verlag, Wien 1987. *»Mir kommt die Schreibe hoch – Tolldreiste Gedichte«*, Herbstpresse, Wien 1988. *»Die Fliege am Broadway«*, ein Kinderbuch, Illustrationen von Heinz Jonak, Dachs-Verlag, Wien 1989.

THEATERSTÜCKE:

»Orfeus wird kein Konsument«, Aufführung des Aktionstheaters im Cafétheater, Wien 1968. *»Stoned Vienna«*, (gemeinsam mit Armin Thurnher), Festwochen-Produktion des Cafétheaters im Museum des 20. Jahrhunderts. (Vermutlich erste Aufführung in Arena-Form in Wien.) Wien 1970. *»Der Doge von Venedig kocht Papa«*, Produktion der Theatergruppe Torso im Votiv-Expresso in Wien und auf Österreich-Tournee, 1970. *»Trausenit tut Totentanzen«*, Freiluft-Produktion der Theatergruppe Torso im Hof des Hauses des Deutschen Ritterordens, Wien 1971, 1972. *»Mowghli – Mowghli«*, Festwochen-Produktion der Gruppe Torso in der Wiener Secession und im Museum des 20. Jahrhunderts, Wien 1972. *»Spartakus«*, Aufführung der Theatergruppe Torso im Theater an der Wien, 1973. *»Orfeus und Euridike und die Glasperlenindustrie«*, Ensemble-Theater im Konzerthaus, Wien 1977. *»Heut' abend tanzt Lysistrate«*, Musical, Theater der Courage, Wien 1979.

(DEA: Theater im Westen, Stuttgart 1984). »*Unten durch*« (Acht Bilder vom Anfang des Friedens), Schauspielhaus, Wien 1980. (DEA: Theater Glotze, Fellbach 1982). Dänische EA: »Ned og vende«, Danmarks Radioteatret, Soborg 1985. »*Verdammte Engel – arme Teufel*«, zwei Stücke. Ensemble-Theater im Konzerthaus, 1981. »*Die Straße der Masken*«, Staatstheater Oldenburg 1984. (ÖEA: Volkstheater Wien 1988/89). »*Die Päpstin*«, Theater »Die Komödianten«, Wien 1984. »*Zwölfeläuten*«, (Ein »steirischer Schwank«), Volkstheater Wien, 1985. (DEA: Bayrisches Staatsschauspiel, München 1987). »*Hoch hinaus*«, Volkstheater Wien 1987. »*Senkrechtstarter*«, Festwochen-Produktion des Fo-Theaters Wien 1987. »*Der Zauber der Dinge*«, 1989.

FERNSEHSPIELE:
»*Verdammte Engel*«, SFB 1977. »*Die Pariser Kommune*«, TV-Fassung einer Station aus der »*Proletenpassion*«, ORF 1978. »*Heut' abend tanzt Lysistrate*«, Aufzeichnung, ORF 1980. »*Unten durch*«, Aufzeichnung, ORF 1980. »*Spiegelschirm*«, Fernsehspiel, ZDF 1981. »*Zwölfeläuten*«, Aufzeichnung, ORF 1985.

HÖRSPIELE:
»*Gäbe es keine Löwenjäger, wer weiß, was wäre*«, ORF 1972. »*Sintflucht*«, ORF 1972. »*Spartakus*«, ORF 1972. »*Mowghli – Mowghli*«, ORF 1974. »*Kreanowitsch*«, ORF 1974. »*Korkusch*«, ORF 1975.

MUSIKALISCHE MEDIEN:
»*Lieder für's Leben*«, LP der »Schmetterlinge«, 1975. »*Proletenpassion*«, Aufführung der Musikgruppe »*Schmetterlinge*« in der »Arena« der Wiener Festwochen 1976. 3-fach-LP-Kassette der Konzertfassung, 1977. »*Herbstreise*«, LP der »Schmetterlinge«, 1979. »*Das Lied des Skorpions*«; Libretto einer Komposition für Bläseroktett und Sopran von Wilhelm Zobl. »*Die letzte Welt*«, Aufführung der »Schmetterlinge« bei den Ruhrfestspielen 1981, Recklinghausen. (ÖEA: Volkstheater Wien, 1982). Doppel-LP 1982. »*Verdammte Engel*«, Libretto zu einer Oper von Karlheinz Schroedl.

ANMERKUNGEN

Zum PROLOG
[1] Hilde Spiel in der *Frankfurter Allgemeinen Zeitung* am 16.6.1976.
[2] Wolfgang Spindler, *Frankfurter Rundschau* am 9.12.1977.
[3] *Salzburger Nachrichten*, 20.7.1976.
[4] Rudolf John im Wiener *Kurier*, 17.5.1976.
[5] Oskar Maria Grimme in der katholischen Wochenzeitung *Die Furche*, Wien, 22.5.1976.

⁶ Die Einleitung des Textbuches, das der 3fach-LP beiliegt, nennt »die wichtigsten Mitarbeiter, ohne deren Mithilfe es das vorliegende Arbeitsergebnis nicht geben würde«, in alphabetischer Folge: Suzanne Abbrederis, Pippa Armstrong-Tinsonbin, Fritz Aumayr, Angela Beran, Wolfgang Brunner, Werner Fitzhum, Rikki Fütterer, Daniela Hammer, Dieter Haspel, Christine Jirku, Evelyn Luef, Helene Maimann, Angelika Meixner, Eva Nowotny, Erich Oehlzand, Lukas E. Resetarits, Georg Resetschnig, Manfred Rittenbacher, Peter Sämann, Hias Schasko, Willi Schwarz, Erwin Steinhauer, Evelyn Stehle, Günter Svatos, Wolfgang Swoboda, Fritz Wendl, Walter Wick, Marietta Zeug.

Auf dem Programm der Uraufführung sieht die Sache noch etwas anders aus, zum Beispiel war die Pippa damals noch ein »Schmetterling«, dafür rangiert Beatrix Neundlinger als »Gast-Schmetterling«, und der Lukas Resetarits hieß noch Erich. Dort werden als Mitarbeiter genannt:

Dieter Haspel (Inszenierung), Suzanne Abbrederis (Dramaturgie), Georg M. Resetschnig (Bühnenbild/Kostüme), Evelyn Luef (Kostüme/Requisite/Maske), Herbert Kopecky (Technik), Walter Wick (Projektionen). Recherche: Wolfgang Brunner, Daniela Hammer, Manfred Rittenbacher, Evelyn Stehle. Mitwirkende: Angela Beran, Christine Jirku, Beatrix Neundlinger, Erich Resetarits, Erwin Steinhauer. »Schmetterlinge«: Pippa Armstrong-Tinsonbin, Günter Grosslercher, Schurli Herrnstadt, Erich Meixner, Willi Resetarits, Herbert Zöchling-Tampier.

⁷ *Orfeus wird kein Konsument,* Uraufführung Aktionstheater im Cafétheater, Regie Rolf Parton, Wien 1969. Und: *Orfeus, Eurydike und die Glasperlenindustrie,* Ensembletheater im Konzerthaus, Regie Dieter Haspel, Wien 1977.

⁸ Wolf-Dieter Hugelmann im längst entschlummerten *Expreß.*

⁹ Philipp Maurer *Danke, man lebt* (Kritische Lieder aus Wien 1968 – 1983), Bundesverlag, Wien 1987.

¹⁰ Philipp Maurer; Gerald Jatzek *Gegentöne (Kritische Lieder – rebellischer Rock),* Verlag des ÖGB, Wien 1987.

¹¹ Thomas Rothschild *Liedermacher (23 Porträts),* Fischer Verlag, Frankfurt am Main 1980.

¹² *Die Presse* vom 17.5.1976. Hans Haider: »Polit-Pop-Oratorium«.

¹³ *AZ* vom 18.5.1976. »Agit-Prop mit Musikbox-Garnierung«.

¹⁴ *Frankfurter Allgemeine Zeitung* vom 16.6.1976. Hilde Spiel: »Die Proletenpassion und das kleine Gomorrha«.

¹⁵ *Salzburger Tagblatt* vom 19.7.1976. Stronegger: »Die Geschichte wird zurechtgesungen«.

Zu DIE BAUERNKRIEGE
¹ Vgl. dazu Bernt Engelmann *Wir Untertanen,* Fischer Taschenbuch Nr. 1680.
² *Arme Teufel,* Uraufführung Ensemble-Theater, Wien 1981.
³ *Die letzte Welt,* Doppel-LP 1982, Extraplatte 1982.
⁴ siehe Anm. 3.
⁵ Heinz R. Unger *David und Overkill,* Verlag Frischfleisch, Wien 1981.
Enthalten auch in: Heinz. R. Unger *Mir kommt die Schreibe hoch/Tolldreiste Gedichte,* Verlag Herbstpresse, Wien 1988.

Zu DIE REVOLUTION DER BÜRGER
¹ Ernst Fischer *Österreich 1848,* Stern Verlag, Wien 1946.
² Herbert Steiner *Karl Marx in Wien,* Europa Verlag, Wien 1978.
³ siehe Anm. 1.
⁴ *Kurier* vom 17. Mai 1976. Rudolf John: »Lehrstück in Liedern«.
⁵ Veröffentlicht in: Heinz R. Unger *David und Overkill,* Verlag Frischfleisch, Wien 1981.
⁶ Veröffentlicht in: Heinz. R. Unger *Mir kommt die Schreibe hoch/Tolldreiste Gedichte,* Verlag Herbstpresse, Wien 1988.

Zu DIE PARISER KOMMUNE
¹ Aus: Heinz R. Unger *Mir kommt die Schreibe hoch/Tolldreiste Gedichte,* Verlag Herbstpresse, Wien 1988.

Zu DER FASCHISMUS
¹ Heinz R. Unger *Die Republik des Vergessens (Trilogie),* Europa Verlag, Wien 1987.
² *Süddeutsche Zeitung,* Juni 1976.
³ Rosa Luxemburg, in: *Die Internationale,* 15.4.1915.
⁴ Walter Pollack *Sozialismus in Österreich,* Econ Verlag, 1979.
⁵ *Arbeiter-Zeitung,* 5.8.1914.
⁶ siehe Anm. 4.
⁷ Aus: Heinz R. Unger *Mir kommt die Schreibe hoch/Tolldreiste Gedichte,* Verlag Herbstpresse, Wien 1988.

Zum EPILOG
¹ Inge Karger *Da muß ich einfach nachdenken.* Unveröffentlichter Aufsatz.

QUELLEN- UND COPYRIGHTHINWEISE

QUELLEN:
Bertolt Brecht *Die Gedichte von Bertolt Brecht in einem Band,* © Suhrkamp Verlag, Frankfurt/Main, 1981
Heinrich Heine *Gedichte,* Diogenes Verlag, Zürich, 1977

Inge Karger *Da muß ich einfach nachdenken,* unveröffentlichter Aufsatz, 1989, © Inge Karger

Philipp Maurer *Danke, man lebt,* © Österreichischer Bundesverlag, Wien, 1987

Philipp Maurer, Gerald Jatzek *Gegentöne,* © Verlag des ÖGB, Wien, 1987

Volkmar Parschalk, Ulf Birbaumer: Interview, gesendet im ORF am 16. 5. 1976

Thomas Rothschild *Liedermacher,* © Fischer Verlag, Frankfurt/Main, 1980

Heinz R. Unger *David und Overkill,* Verlag Frischfleisch, Wien, 1981

Heinz R. Unger *Mir kommt die Schreibe hoch,* Verlag Herbstpresse, Wien, 1988

Heinz R. Unger: Diversen Plattenalben beigelegte bzw. Programmheften entnommene Texte

ABBILDUNGEN:

Abb. S. 53: *Knaurs Weltgeschichte,* © Droemer Knaur Verlag, München 1935

Abb. S. 86/87 und Abb. S. 117: *Der Sozialismus – Vom Klassenkampf zum Wohlfahrtsstaat.* Herausgegeben von Iring Fetscher, Helga Grebing und Günter Dill. Eduard Kaiser Verlag – Buchgemeinde Apenland OHG, Klagenfurt 1968. © Verlag Kurt Desch, München

Abb. S. 149: Carl Gustaf Ströhm *Vom Zarenreich zur Sowjetmacht.* Eugen Diederichs Verlag, Düsseldorf - Köln 1967. © Collection René Dazy, Paris

Abb. S. 175: *Der Kapitalismus – Von Manchester bis Wall Street.* Herausgegeben von Diether Stolze und Michael Jungblut. Verlag Kurt Desch, München 1969. © Süddeutscher Verlag, Bilderdienst

Alle anderen Fotos stammen aus den privaten Bildarchiven der „Schmetterlinge" und Heinz R. Ungers. Das Copyright liegt bei den in den Bildlegenden angeführten Fotografen.

VERZEICHNIS DER LIEDTITEL

Alles fließt, S. 221
Am Kreuzweg des kleinen Mannes, S. 46
An unser aller Feuer, S. 104
Babouschka-Lied, S. 156
Ballade vom Glück und Ende des Kapitals, S. 96
Ballade von den zwei ruhmlosen Generalen, S. 123
Bericht über Thomas Münzer, S. 59
Biedermeier-Gejeier, S. 109

Bilanz-Tanz, S. 212
Blinde Kuh, S. 25
Can-Can der Vampire, S. 134
Canción de cuna, S. 204
Chanson vom letzten Kampf der Kommunarden, S. 129
Companero Victor Jara: presente, S. 193
Das Faß ist voll von jungem Wein, S. 66
Das Lied vom 18. März, S. 140
Das Lied vom ersten Fünfjahresplan, S. 171
Das Lied von Krupp und Thyssen, S. 187
Demokratie-Lied, S. 213
Dekrete der Kommune, S. 126
Der alte Nazi kehrt zurück, S. 203
Der Funke fliegt, S. 186
Der kleine Mann ist nicht vom Himmel gefallen, S. 107
Der Schuß von hinten, S. 187
Des Bauern große Not, S. 57
Des Bürgers dritte Liebe, S. 114
Die Frauen der Kommune, S. 128
Die Geschichte vom Arbeiter Willi K., der sich selber wegrationalisierte, S. 211
Die große Zeit, die da begann, S. 94
Die kleine Demokratie, S. 144
Die Kommunarden von Paris, S. 138
Die Lehren der Kommune, S. 129
Die Verhandlung, S. 127
Die 12 Artikel der Bauern, S. 58
Drei rote Pfiffe im Wald, S. 199
Ein neues Reich, ein besseres Reich, S. 60
Erstürmung des Winterpalais, S. 162
Es fällt ein Soldat bei Tarnopol, S. 156
Es hat die Welt ein Hinterteil, S. 218
Faschismus-Lied des Geschichtslehrers, S. 192
Fragelied 1, S. 210
Fragelied 2, S. 213
Freiheitslied, S. 113
Goldner Weizen, S. 82
Hände über Hönnepel, S. 75
Hitler ist auswechselbar, S. 198
Hitlers Blues, S. 189
Hunderttausend Arbeitslose, S. 122
In den verdrängten Jahren, S. 202
In der großen Ebene, S. 80
Jalava-Lied, S. 160
Jonny reitet wieder, S. 27

Kampflied der Bauern, S. 59
Ketchup aus Mexiko, S. 78
Kommt, ihr tausend Haufen, S. 62
Kosakenlied, S. 168
Kuckuck, kleiner Mann, S. 218
Lärm und Stille, S. 156
Lehren der Bauern, S. 64
Lied der Fragen, S. 129
Lied der Junker, S. 72
Lied der Kleingläubigen, S. 160
Lied des Geschichtslehrers, S. 45
Lied des Götz von Berlichingen, S. 70
Lied des Henkers, S. 72
Lied des Jakob Fugger, S. 65
Lied des Kapitalisten vom letzten Register, S. 196
Lied vom A-Sager, S. 190
Lied vom Gespensterzug, S. 124
Lied vom Hausbau, S. 158
Lied vom verkauften Tag, S. 23
Lied von den Religionskriegen, S. 48
Lied von der blutigen Woche, S. 133
Lied von der letzten Schlacht, S. 95
Lied von der Partei, S. 164
Mächtelmöchtel, S. 92
Marianne, S. 94
Mister Kapital, S. 110
Mondlied, S. 113
Rezept für zerspragelten Volksauflauf, S. 217
Schlußlied über die Einigkeit, S. 219
Sozialismus, der fällt nicht vom Himmel, S. 214
Stille und Lärm, S. 165
Supermarkt-Song, S. 210
Tot oder lebendig, S. 130
Trauert laut ihr Klageweiber, S. 46
Vergangenheit bewältigt, S. 202
Vom Bojaren zum Bourgeois, S. 166
Vom langen Tag des Holzknechts, S. 74
Was ist die Kommune?, S. 125
Wenn ich wieder reich bin..., S. 163
Wer schreibt die Geschichte, S. 42
Wieviel läßt sich der kleine Mann gefallen?, S. 108
Wir haben nie zu kämpfen aufgehört, S. 190
Wir hatten Gräber und ihr hattet Siege, S. 44
Wir lernen im Vorwärtsgehn, S. 214
Zwischen zwei Gebeten, S. 26